Hans-Peter Richter

STRAFRECHT
ALLGEMEINER TEIL 1

INHALTSÜBERSICHT

COPYRIGHT: Richter-Verlag
Hans-Peter Richter
Paul-Schroeder-Straße 18
24229 Dänischenhagen
Tel. 04349-1725
Fax 04349-571
e-mail: RICHTER-VERLAG@t-online.de
Website: www.Richter-Verlag.de

Druck und Verarbeitung: Breklumer Druckerei, Breklum

Weitere Bücher dieser Reihe sind erhältlich über den Buchhandel oder direkt vom Verlag.

14. Auflage 2002

ISBN 3-935150-23-7

1. Kapitel

Einführung und allgemeine Grundlagen

Zum Skriptum

Das vorliegende Skriptum soll dem Anfänger im Jurastudium einen Einstieg in das Strafrecht und dort besonders in den dogmatisch schwierigen Allgemeinen Teil erleichtern. Vor allem soll es dem angehenden Juristen aber eine Einführung in die für sein Studium so bedeutsame Fallbearbeitungstechnik bieten - ein von der Massenuniversität kaum mehr vermittelter Teil der Juristenausbildung. Das Skriptum erhebt nicht den Anspruch der Wissenschaftlichkeit, sondern es will als Lernhilfe verstanden sein. Sprachliche, wie gedankliche Ausgestaltung sind daher diesem Zweck angepaßt, um so ein möglichst unproblematisches Durcharbeiten zu gewährleisten. Es wurde bewußt, um diesem Ziel weiter gerecht zu werden, auf die Verarbeitung von Literatur und Rechtsprechung in Form von Zitaten weitgehend verzichtet. Ebenso schien es nicht ratsam, die behandelten Gebiete bis in alle Tiefen darzustellen, da dadurch allzu leicht für den Anfänger der "rote Faden" verloren geht. Streitstände, abweichende Ansichten usw. werden nur an nach meiner Ansicht unumgänglichen Stellen erwähnt.

Dieses Skriptum ersetzt weder ein Lehrbuch noch eine gute Vorlesung! Es ist vielmehr als vorgeschaltete Ergänzung dazu gedacht, die es ermöglichen soll, den dort dargereichten Stoff besser verstehen und einordnen zu können.

Erstellt wurde das Skriptum auf Grundlage der Erfahrungen des Verfassers in mehrjähriger Tätigkeit als AG-Leiter an der Universität Kiel, wo er auf dieser Basis diverse Arbeitsgemeinschaften durchführte.

Zur Benutzung des Skriptums

Das Skriptum enthält drei große Blöcke:
1. **Stoffvermittlung,**
2. **Fallbearbeitung,**
3. **Wiederholung/Lernkontrolle.**

Die Stoffvermittlung erfolgt durch kurze Darstellung der wesentlichen Züge des zu behandelnden Stoffes.

1

Die Fallbearbeitung bringt dem Studenten die Technik der Fallösung anhand einfacher Fälle bei. Dabei sollen die ausformulierten Lösungsvorschläge das Gefühl für eine brauchbare Darstellungsweise fördern.

Die Lernkontrolle/Wiederholung erfolgt anhand von Fragen, die den vorhergehenden Stoff betreffen. Die stichwortartigen Antworten sind dabei zunächst abzudecken, um so eine ernsthafte Selbstkontrolle zu ermöglichen.

Zunächst sollte jeweils der Stoff **erarbeitet** werden, d.h. der Stoffteil muß gelesen, verstanden und **gelernt** werden! Folgt nun im Text der Beispielfall, ist zu versuchen, diesen selbständig zu lösen und anschließend mit der Musterlösung zu vergleichen. Am Ende des Kapitels sollten die Wiederholungsfragen beantwortet werden.

Haben Sie auf diese Weise Kapitel für Kapitel durchgearbeitet, so sollten Sie in einem zweiten Durchgang zunächst nochmals versuchen, die Fälle selbständig zu lösen. Auch die Wiederholungsfragen sollten ein zweites Mal bearbeitet werden (aufschreiben, welche Fragen nicht beantwortet werden konnten und im jeweiligen "Stoffteil" des Skriptums den Stoff nacharbeiten!). Soweit Literaturangaben vorhanden sind, ist diese vertiefende Literatur nunmehr durchzuarbeiten. Soweit Wiederholungsfragen nicht gewußt wurden, sollten diese zum Schluß wiederholt werden. Auf diese Weise ist insgesamt ein optimaler Lerneffekt gewährleistet.

Die Arbeit der Jurastudenten

Regelmäßig beginnt der Student seine Studien an der Universität im Bereich des Strafrechtes mit der Erarbeitung des StGB, Allgemeiner Teil. Dies ist recht problematisch, weil gerade der Allgemeine Teil des Strafgesetzbuches derjenige ist, der aufgrund seiner Abstraktheit und seiner vielfältigen dogmatischen Schwierigkeiten ausgesprochen kompliziert und schwer erfaßbar ist.

Verständlich werden die Vorschriften des Allgemeinen Teils zudem meist erst in Verbindung mit denen aus dem Besonderen Teil des StGB.

Das Lernziel besteht nun aber nicht nur aus der dogmatischen Erfassung und Durchdringung des dargelegten Stoffes "Strafrecht", sondern es sollte zumindest auch im Erlernen der Anwendung dieses Stoffes auf Fälle liegen. Ob in den Leistungsnachweisen während des Studiums, im Examen oder später in der Praxis, stets wird der Jurist mit einem Fall konfrontiert, den er zu bearbeiten und zu lösen hat.

Die Arbeit des Jurastudenten muß daher zwei Bereiche umfassen: Erfassung des Stoffes und dessen Anwendung auf vorgegebene Fälle. Aus dieser Aufgabenstellung folgt auch der Aufbau des Skriptums.

Der vorliegende zweite Band der Reihe Juristische Grundkurse, StGB, Allgemeiner Teil 1, stellt einmal die elementaren Grundzüge des Allgemeinen Teils des Strafgesetzbuches dar. Angesichts der ungeheuren Stoffülle im Allgemeinen Teil umfaßt dieser erste Teil lediglich die Bereiche Kausalität, Zurechnung, Vorsatz, Rechtswidrigkeit, Irrtum und Schuld. Diverse allgemeine Fragen, wie z. B. Geltungsbereich des Strafrechts, allgemeine Verbrechenslehre, allgemeine Handlungslehren etc. bleiben dem Sinn des Skriptums entsprechend bewußt unbehandelt. Sie sind durch Eigenstudium (Vorlesung, Lehrbuch) unbedingt zu erarbeiten.

Soweit in dem Skriptum der abstrakte Stoff dann anhand von Beispielsfällen angewendet wird, soll dies dem Leser vermitteln, wann und wo die jeweilige Frage innerhalb eines Falles Bedeutung erlangt. Bei den Musterlösungen wird vor allem gezeigt, wie die Frage systematisch sauber in die Lösung einzuarbeiten ist. Daneben sollen die Fallösungen ganz allgemein die Technik und die Methodik der Fallbearbeitung vermitteln.

Da der Stoff des Allgemeinen Teils des StGB sich isoliert nicht anhand von Fällen erläutern läßt, wird er zusammen mit einigen wenigen, relativ einfachen Normen des Besonderen Teils dargestellt. Dadurch ergibt sich neben einer eingehenden Behandlung des Allgemeinen Teils gleichzeitig ein erster Einblick in einige Delikte des Besonderen Teils.

Die Literaturhinweise dienen der Vertiefung des Stoffes oder der Erschließung von im Skriptum nicht dargestellten Bereichen.

Methodik und Technik der Fallbearbeitung

Viele, vielleicht allzu viele Bücher sind bereits zu diesem Thema geschrieben worden. Das kann aber nicht darüber hinwegtäuschen, daß es nicht möglich ist, dieses Anliegen abstrakt und in wohlgeformten Sätzen zu erfassen, geschweige denn zu erlernen. Daher soll hier nicht auf juristische Methodenlehre eingegangen, sondern es soll lediglich das unumgängliche Handwerk der Fallbearbeitung vermittelt werden. Dazu bedarf es vor allem der Schulung am Fall, d.h. des immerfort wiederholten Versuchs eigener Fallösung. Nur aus den Fehlern und der Auseinandersetzung mit den dabei auftauchenden Problemen kann man sich nach und nach die Technik und Methodik erschließen und so zu einer sicheren Beherrschung jenes Handwerks gelangen. Freilich bedarf es dazu der Grundkenntnis verschiedener elementarer und zu lernender Regeln. Deren wichtigste sollen nachfolgend dargestellt werden, doch auch an vielen anderen Stellen im Skriptum erfolgen weitere Hinweise zur Fallbearbeitungstechnik und Methodik.

3

Der Deliktsaufbau

Alle strafrechtlichen Delikte sind in gleicher Weise aufgebaut:

Tatbestand, Rechtswidrigkeit, Schuld

Man spricht daher auch von einem dreistufigen Deliktsaufbau. Als vierter Punkt tritt streng genommen noch "Strafe" hinzu. Ferner unterteilt man den Tatbestand in einen objektiven und einen subjektiven Teil. Damit ergibt sich für den traditionellen Prüfungsaufbau folgendes Bild:

> **1. Tatbestand**
> **a) objektiver Tatbestand**
> **b) subjektiver Tatbestand**
> **2. Rechtswidrigkeit**
> **3. Schuld**
> **4. Strafe**

Das Gesetz beschreibt in seinen Vorschriften des Besonderen Teils meist nur den objektiven Tatbestand. Der subjektive Tatbestand umfaßt neben subjektiven Unrechtselementen vor allem den Vorsatz, der jedoch angesichts des § 15 (lesen!) meist nicht ausdrücklich im Gesetz erwähnt ist.

Ebenso haben Rechtswidrigkeit und Schuld nur in Ausnahmefällen in den Tatbeständen des Besonderen Teils Erwähnung gefunden.

Die Strafe schließlich hat einmal in dem im Gesetz ausgesprochenen Strafrahmen und im übrigen in den Strafausschließungs- und Strafaufhebungsgründen Ausdruck erhalten.

 Merken Sie: Der Strafrahmen wird in der Fallbearbeitung an der Universität nicht behandelt! Die Prüfung beschränkt sich auf die Punkte 1. bis 3. Der Punkt 4. wird nur dann angesprochen, wenn Anhaltspunkte für Strafausschließungs-/aufhebungsgründe gegeben sind.

Die Fallbearbeitung

Einführungsfall:
A nimmt die wertvolle Vase des B und zerschmettert sie. Strafbarkeit des A?

Dieser sehr einfache "Fall" soll zunächst und vor allem in die Lösungstechnik der strafrechtlichen Fallbearbeitung einführen.

Jede Fallbearbeitung im Strafrecht beginnt ebenso wie in anderen Rechtsgebieten mit der richtigen **Erfassung des Sachverhalts**.

Ist dies geschehen, z.B. indem man die beteiligten Personen, deren Handlungen, ggf. verschiedene Handlungsabschnitte etc. herausgearbeitet hat, so ist die **Fallfrage zu analysieren** und festzustellen, nach wessen Strafbarkeit gefragt ist.

Sodann sind die für die jeweiligen Personen und deren Handlungen in Betracht kommenden **Straftatbestände zu suchen**. Für den vorliegenden Fall bedeutet dies, daß § 303, Sachbeschädigung, in Betracht kommen könnte.

 Vorüberlegungen zu jeder Fallbearbeitung sind:

> **1. Erfassen des Sachverhalts**
> **2. Analysieren der Fallfrage**
> **3. Aufsuchen der Straftatbestände**

Nunmehr kann die eigentliche Falllösung beginnen.

Beachten Sie:

 Die Vorüberlegungen gelangen nicht in die Ausarbeitung

Diese hat mit dem Aufwerfen der Problemstellung zu beginnen. Man hat dazu man einen Obersatz zu bilden, mit dem jede Prüfung anfangen muß. Im BGB - zur Erinnerung - fragte man nach Ansprüchen, dort begann jeder Fall mit dem "Wer, von wem, was, voraus", also z. B.: A könnte gegen B einen Anspruch auf Kaufpreiszahlung aus § 433 Abs.2 BGB haben. Im Strafrecht geht es nun nicht um Ansprüche, sondern um die Frage, ob jemand strafrechtlich zur Verantwortung zu ziehen ist. Für obigen Fall lautet der Obersatz (auch Hypothese genannt) daher: A könnte sich gem. § 303 StGB strafbar gemacht haben. Damit haben wir den Kern der Problemstellung erfaßt. Jedoch gibt es viele Fälle, in denen eine solche

Beschreibung des Problems noch nicht ausreicht, da sie nicht hinreichend exakt herausstellt, welches Verhalten des Sachverhalts zu untersuchen ist. So kann es z.B. Fälle geben, in denen ein Täter mehrfach handelt.

Bsp.: A, in Wut geraten, zerschlägt die Möbel des B, demoliert das Auto des C und wirft anschließend die Fensterscheibe bei D ein.

Alle drei Handlungen können ihrerseits den Tatbestand der Sachbeschädigung erfüllen. In der Form, wie die Frage oben aufgeworfen wird, gibt sie dem Leser nicht die notwendige Auskunft darüber, **welche** Handlung genau geprüft wird. Daher ist es **unerläßlich, stets die untersuchte Verhaltensweise in der Problemstellung mit zu nennen!**

> **Im Obersatz ist die untersuchte Handlung stets zu benennen**

Der Einleitungssatz muß daher richtig lauten:

A könnte sich gem. § 303 strafbar gemacht haben, indem er die Vase des B zerschmetterte.

Damit haben Sie den Aufhänger für Ihre weitere Prüfung, die sich nun an dem angesprochenen Tatbestand orientiert, gefunden. Wie im BGB, wo Sie nach dem Einleitungssatz herausarbeiten mußten, welche einzelnen Tatbestandsmerkmale die jeweilige Anspruchsgrundlage aufwies, so müssen Sie auch im Strafrecht die Tatbestandsmerkmale der betreffenden Strafvorschrift erfassen, voneinander abgrenzen und prüfen.

Im Fall des § 303 sind dies:
1. Sache;
2. fremd;
3. beschädigen oder
4. zerstören.

Die Erwähnung der Rechtswidrigkeit hat für den Tatbestand des § 303 keine besondere Bedeutung, denn sie bezeichnet nur die Rechtswidrigkeit als allgemeines Verbrechensmerkmal, wie es jeder Strafvorschrift immanent ist. Die Behandlung der Rechtswidrigkeit als allgemeines Verbrechensmerkmal erfolgt unten in Kapitel 4. Die Nennung der Rechtswidrigkeit in § 303 ist damit eigentlich überflüssig und bedarf keiner gesonderten Prüfung.

Diese Tatbestandsmerkmale haben Sie jetzt zu untersuchen.

Bei einfach strukturierten Tatbeständen, wie hier § 303, kann man sich sogleich ein Merkmal herausgreifen und dieses prüfen. Überflüssig und damit jedenfalls unzweckmäßig, wenn nicht sogar falsch, ist es, den Gesetzestext noch einmal abzuschreiben (lesen kann jeder selbst!). Auch sollte man keine allzu umfassende Subsumtionsfrage voranzustellen.

> **Bsp.** für eine zu lange, überflüssige Einleitung: § 303 besagt, daß derjenige, der rechtswidrig eine fremde Sache beschädigt oder zerstört, zu bestrafen ist.

Richtig ist es, und vor allem auch arbeitsökonomisch weit besser, wenn man sich gleich das Merkmal *Sache* herausgreift:

> *Dann müßte es sich bei der Vase um eine Sache handeln.*

Dies sollte der zweite Satz in Ihrem Gutachten werden.

> Bei komplizierten Tatbeständen kann es demgegenüber empfehlenswert sein, dem Leser zu erläutern, welchen Teil der Vorschrift man zunächst zu untersuchen gedenkt.
> **Bsp.**: § 263 setzt zunächst voraus, daß X durch Täuschung bei Y einen Irrtum verursachte. Daher müßte X den Y getäuscht haben.

Sie haben damit bereits mit der Subsumtion begonnen.

Der **zweite Schritt der Subsumtion**, nach Aufwerfen der Subsumtionsfrage, sollte dann die **Definition** des untersuchten (abstrakten) Tatbestandsmerkmals sein. Also:

> *Gem. § 90 BGB sind Sachen alle körperlichen Gegenstände.*

> Der Begriff der Sache ist nicht immer so klar, wie es danach zu sein scheint. So sind als Sachen vor allem auch Pflanzen anzusehen, vgl. SCHÖNKE/SCHRÖDER/ESER, § 242, 3. Überwiegend sieht man auch die menschliche Leiche als Sache an, vgl. LACKNER, § 242 Anm. 2a. Tiere sind wegen der Regelung in § 90a BGB keine Sachen, die Vorschriften über Sachen aber auf Tiere entsprechend anzuwenden, LACKNER, § 242 Anm. 2a.
> Zur Vertiefung zum Sachbegriff: SAMSON, SK, § 242, 4.

Schritt 3 ist dann die **Darlegung des untersuchten** (konkreten) **Sachverhaltes**. Also:

> *Tatobjekt ist hier die Vase des B.*

Schritt 4 stellt den eigentlichen **Kern der Subsumtionsarbeit** dar, die Feststellung, ob der unter 3. festgestellte konkrete Sachverhalt unter das abstrakte Tatbestandsmerkmal zu subsumieren ist. Man prüft mithin, ob Kongruenz zwischen Tatbestandsmerkmal und Sachverhalt gegeben ist. Also:

> *Die Vase des B weist Umrisse auf und man kann sie anfassen, sie ist daher ein körperlicher Gegenstand.*

Dies erscheint bei diesem einfachen Beispielsfall alles recht übertrieben, es soll jedoch nur das System erläutern. An dieser Stelle Ihres Gutachtens ist regelmäßig eigene Argumentation nötig, die inhaltliche, sachverhaltsbezogene Diskussion wird hier ihren Platz finden.

Der **5. Schritt** enthält schließlich das Ergebnis der Prüfung:
Also ist die Vase eine Sache.

In gleicher Weise verfährt man mit dem Merkmal *fremd* und dem des *Zerstörens*.

Sind alle Tatbestandsmerkmale erfüllt, so ist der objektive Tatbestand gegeben. Ergibt die weitere Prüfung dann auch, daß der Täter den subjektiven Tatbestand verwirklicht, sich rechtswidrig und schuldhaft verhalten hat, so hat er sich gem. der geprüften Vorschrift strafbar gemacht. Das Gutachten schließt dann mit dem Satz:
Also hat sich A gem. § 303 strafbar gemacht.

Merken Sie sich also folgenden **Ablauf der Subsumtion**:

> 1. Obersatz bilden
> 2. Defintion des untersuchten Merkmals
> 3. Darlegen des untersuchten Sachverhalts
> 4. Subsumtion
>   => Deckungsgleichheit von
>   Definition (2.) und Sachverhalt (3.)
>   feststellen
> 5. Ergebnissatz

Nach diesem Gedanken- und Arbeitsschema laufen alle strafrechtlichen Fallösungen ab, freilich nicht immer so einfach wie hier.

☞ !! **Beachten Sie**: Auch bei noch so komplizierten Fällen, z.T. mit mehrfach verschachtelten Subsumtionsvorgängen, ist die gedankliche Arbeit stets die gleiche wie die hier vorgeführte.

8

2. Kapitel

Tathandlung, Kausalität und Zurechnung

Die Tathandlung

Es muß als Anknüpfungspunkt für strafrechtliche Verantwortung immer zunächst nach einem Verhalten des Täters gesucht werden. Dieses kann in einem **Handeln oder einem Unterlassen** liegen.

 Zu den Unterlassungsdelikten siehe Juristische Grundkurse, Band 7, Strafrecht, Allgemeiner Teil 2

Was sich hinter dem Begriff der Handlung exakt verbirgt, wird von verschiedenen Handlungslehren unterschiedlich beurteilt. So gibt es einen kausalen, sozialen und finalen Handlungsbegriff.

In der Rechtslehre hat sich überwiegend die **finale Handlungslehre** durchgesetzt, der auch in diesem Skriptum gefolgt wird, während die **Rechtsprechung** noch weitgehend der **kausalen Handlungslehre** anhängt.

Das erfaßte Verhalten muß   **tatbestandsmäßig**

sein, d.h. die konkreten Umstände müssen den abstrakten Merkmalen einer im Gesetz beschriebenen und mit Strafe bedrohten Handlung entsprechen. In zahlreichen Strafvorschriften, wie auch bei den in diesem Skriptum aus dem Besonderen Teil des StGB zunächst allein behandelten Delikten der §§ 211, 212, 223, 224, 303, handelt es sich um **Erfolgsdelikte**. Das Charakteristikum dieses Deliktstypus ist es, daß ein dort beschriebener Erfolg eintritt, z.b. der Tod eines Menschen, eine Körperverletzung, die Zerstörung einer Sache. Diese Erfolge beruhen stets auf irgendeiner Ursache, meist einem menschlichen Verhalten. Ihre Aufgabe ist es, zunächst zu untersuchen, ob ein bestimmtes, im Sachverhalt dargelegtes Verhalten zu diesem Erfolg geführt hat. Als tatbestandsrelevantes Verhalten kommt

jedes von einem menschlichen Willen getragene Handeln oder Unterlassen

in Betracht.

Die Kausalität

Die Beziehung zwischen dieser Handlung und dem Erfolg muß in Form eines Ursachenzusammenhanges -Kausalität - vorliegen. In der Feststellung, daß eine Tathandlung, ein Taterfolg und die diese beiden Komponenten verknüpfende **Kausalität** gegeben ist, erschöpft sich oftmals die Prüfung des objektiven Tatbestandes eines Erfolgsdeliktes.

> **Kausalität bezeichnet einen Ursachenzusammenhang zwischen Tathandlung und Taterfolg**

Kausalität wird zwar im Ergebnis oft mit einem rein **naturwissenschaftlichen Ursachenzusammenhang** übereinstimmen, aber vom gedanklichen Ansatz her handelt es sich um eine **Ursächlichkeit im Rechtssinn**.

Im Strafrecht folgt man im Grundsatz der sog. **Äquivalenztheorie**

Danach sind

> **Ursache sind alle Bedingungen, die nicht hinweggedacht werden können, ohne daß der Erfolg in seiner konkreten Gestalt entfiele**

Um zu prüfen, ob Kausalität i.S.d. Äquivalenztheorie vorliegt, nimmt man folgende **Gedankenoperation** vor:

1. man denkt sich die Handlung (Bedingung) des Täters weg
2. man prüft, was mit dem Erfolg dann geschehen würde
3. Gelangt man zu dem Ergebnis, daß es ohne diese Handlung nicht zu dem Erfolg kommen konnte, der Erfolg also entfiele, so liegt Kausalität zwischen Handlung und Erfolg vor. Anderenfalls fehlt es an der Kausalität.

   Der Erfolg ist dabei möglichst genau zu beschreiben. So genügt es streng besehen nicht, wenn A den B erschießt vom "Tod des B" als dem Erfolg zu sprechen. Strafrechtlich relevant ist nämlich nur der Tod durch den Schuß des A, nicht etwa irgendein anderer Eintritt des Todes, z.B. durch Altersschwäche. Genau der exakt herausgearbeitete Erfolg muß dann bei Anwendung der Kausalitätsformel entfallen!

 Die vorstehende Gedankenoperation bezeichnet man auch als "**conditio sine qua non**" Formel.

Dadurch werden freilich sehr viele Verhaltensweisen erfaßt, die nicht alle strafrechtsrelevant sein können. Welches kausale Verhalten jedoch als unbeachtlich und welches als beachtlich anzusehen ist, wird an anderer Stelle (z.B. bei der Zurechnungsfrage) zu erörtern sein.

Abweichend davon wollen verschiedene Autoren, so z.B. Bockelmann, AT, S. 66 ff, die Kausalität nicht nach der Äquivalenztheorie, sondern nach der Adäquanztheorie bestimmen. Diese berührt jedoch auch gleichzeitig Zurechnungsfragen und daher soll auf die Adäquanztheorie erst im Rahmen der Zurechnung näher eingegangen werden.

Ähnlich geht die "Lehre von der gesetzmäßigen Bedingung" vor. Danach ist ein Verhalten dann Ursache eines Erfolges, wenn dieser mit dem Verhalten durch eine Reihe von Veränderungen in der Außenwelt gesetzmäßig verbunden ist.

Vgl. Wessels-Beulke, AT, Rn.168a; Sch-Sch-Lenckner, Vor §§ 13ff, 75.

Da das Ergebnis dieses Ansatzes regelmäßig mit der "conditio-Formel" übereinstimmen wird, ist in der Klausur eine gesonderte Abhandlung m.E. entbehrlich. In der Hausarbeit muß aber selbstverständlich dieser Ansatz dargestellt und verarbeitet werden. Aber auch dort bedarf es angesichts meist gleicher Ergebnisse keiner Streitentscheidung! Zu ähnlich strukturierten Ansätzen vgl. Sch-Sch-Lenckner Vor §§ 13ff, 73ff.

Fall 1:

A gerät mit B in Streit, in dessen Verlauf A ein Messer zieht und B niedersticht. B stirbt. Strafbarkeit des A?

Da der Tod eines Menschen eingetreten ist, kommt eine Vorschrift aus dem Bereich der Tötungsdelikte in Betracht, hier § 212. Es soll auch zunächst nur § 212 geprüft werden. § 211 ist nicht einschlägig, weil es keinen Hinweis auf die Verwirklichung eines Mordmerkmales im Sachverhalt gibt. § 212 setzt im einzelnen voraus: es muß der Taterfolg, der Tod eines anderen Menschen (dem Tatobjekt), eingetreten sein. Weiter ist eine Tathandlung des Täters erforderlich und schließlich Kausalität zwischen Handlung und Erfolg. Die "Wendung ohne Mörder zu sein", hat heute keine Bedeutung mehr, sie ist vielmehr ein Relikt aus der Zeit der sog. Tätertyplehre.

Lösungsvorschlag

A könnte sich gem. § 212 strafbar gemacht haben, indem er den B niederstach.

Dann müßte der Tod eines Menschen eingetreten sein. B, ein Mensch, ist laut Sachverhalt zu Tode gekommen, so daß der notwendige Taterfolg gegeben ist. Die Tathandlung liegt mit dem vom Willen des A getragenen Niederstechen ebenfalls vor. Weiter ist Kausalität zwischen diesem Erfolg und der Tathandlung erforderlich.

Die Kausalität bestimmt man im Strafrecht nach der Äquivalenztheorie. Danach ist jede Bedingung Ursache, die nicht hinweggedacht werden kann, ohne daß der Erfolg in seiner konkreten Gestalt entfiele. Denkt man sich hier das Niederstechen seitens des A weg, wäre B jedenfalls nicht durch den Stich zu Tode gekommen. Folglich entfiele der Erfolg in seiner konkreten Gestalt, so daß Kausalität nach der Äquivalenztheorie vorliegt. Damit ist der objektive Tatbestand erfüllt.

Da A auch vorsätzlich handelte, ist der subjektive Tatbestand gegeben. Rechtswidrigkeit und Schuld liegen vor. Folglich hat sich A gem. § 212 strafbar gemacht.

Die weitere Prüfung - subj. Tatbestand, Rechtswidrigkeit, Schuld - erfolgt hier bewußt noch nicht in exakter Form.

§§§§§ §§§§ §§§§ §§§§

Die Erfolgszurechnung

Die Weite der Äquivalenztheorie ist jedoch nicht unproblematisch, denn alle, auch noch so weit zurückliegenden Ursachen sind Bedingungen i.s.d. Äquivalenztheorie, sofern sie nur in einem naturwissenschaftlichen Sinne miteinander verknüpft sind.

Bsp.: Auch die Großeltern des Mörders sind für dessen Tat kausal geworden, denn hätten sie nicht ihre Kinder und die wiederum deren Kinder erzeugt, so hätte der Täter nicht gelebt, hätte folglich auch seine Tötungshandlung nicht vornehmen können, so daß das Opfer heute noch lebte.

Um einem Täter nur die Erfolge anzulasten, die einer strafrechtlichen Wertung zufolge auch in seine Verantwortung fallen sollen, bedarf es daher eines Korrektivs.

Auf der Ebene des Tatbestandes bedient man sich des Begriffs der **Zurechnung**.

Wie die Zurechnung eines Erfolges zu geschehen habe, ist im einzelnen stark umstritten.

Teilweise wird die Zurechnung als Kausalitätsproblem gesehen, in der überwiegenden Literatur wird sie dagegen als eigenständiges Merkmal des objektiven Tatbestands erfaßt.

Vornehmlich die Rechtsprechung behandelt die Zurechnungsfrage als Vorsatzproblem.

Vgl. dazu z.B. die Übersichten bei Wessels-Beulke, AT, Rn. 176ff oder Sch-Sch-Lenckner, vor §§ 13ff, 84ff.

Teilweise wendet man zur Lösung der Zurechnungsfrage die im Zivilrecht herrschende **Adäquanztheorie** an. Diese geht zunächst von der Äquivalenztheorie aus, schränkt deren weites Ergebnis aber dahingehend ein, daß nur solche Bedingungen als kausal anzusehen seien, die

> **nach allgemeiner Lebenserfahrung dazu geeignet sind, einen derartigen Erfolg zu bewirken.**

Die Anhänger dieser Auffassung leugnen damit die Existenz eines eigenständigen Zurechnungskriteriums. Sie wollen die Frage der Zurechnung vielmehr als Kausalitätsproblem verstanden wissen.

Merken Sie:

> **Die Adäquanztheorie ist keine Zurechnungslehre, sondern eine Kausalitätstheorie**

Daher ist die Adäquanztheorie im objektiven Tatbestand unter dem Prüfungspunkt "Kausalität" zu erörtern!

12

Nicht durchgesetzt hat sich die **Relevanztheorie**, nach der zunächst Kausalität i.S.d. Äquivalenztheorie zur kausalen Verknüpfung von Handlung und Erfolg erforderlich ist. Die Zurechnung soll dann aber anhand der normativen Frage nach der strafrechtlichen Relevanz des betreffenden Verhaltens zu prüfen sein. Nur wenn es sich um strafrechtlich relevantes Verhalten handele, sei der Erfolg zuzurechnen.

Demgegenüber fassen die im einzelnen voneinander abweichenden **Lehren von der objektiven Zurechnung** die Zurechnungsfrage als eigenständiges, im objektiven Tatbestand anzusiedelndes Problem auf.

☞ **Merken Sie:**	**Die Zurechnungslehren sehen die Erfolgszurechnung als eigenständiges Merkmal des objektiven Tatbestands an**

Die einzelnen Ansichten weisen allerdings diverse Unterschiede auf.

Vgl. dazu die Übersicht bei Sch-Sch-Lenckner, Vor §§ 13, 91 ff

Sie lassen sich aber überwiegend auf den Grundgedanken zurückführen, daß ein durch menschliches Verhalten verursachter Unrechtserfolg nur dann objektiv zurechenbar sei, wenn

> **eine rechtlich mißbilligte Gefahr des Erfolgseintritts geschaffen und diese Gefahr sich auch tatsächlich in dem konkreten erfolgsverursachenden Geschehen realisiert habe.**

So der in der Literatur überwiegende Ansatz vgl. dazu näher Lackner-Kühl, Vor § 13, 14; Sch-Sch-Lenckner Vor §§ 13ff, 92; Wessels-Beulke, AT, Rn 179, jeweils m.w.N.

Einschränkungen im Hinblick auf die Zurechnung können z.B. nach dem **Schutzzweck der Norm** geboten sein oder bei **fehlendem Risikozusammenhang** vorliegen.

Bsp.: A fährt auf der Autobahn bei Hamburg statt der erlaubten 100 km/h mit 180 km/h. In Hannover läuft ihm Fußgänger F vor den Wagen, der dabei zu Tode kommt. Dort hatte sich A absolut korrekt verhalten. - Sinn der Geschwindigkeitsbegrenzung auf der Autobahn bei Hamburg soll es sein, die Sicherheit im Straßenverkehr dort zu erhöhen, aber nicht im Stadtgebiet von Hannover. Nach dem Schutzzweck der Norm (Geschwindigkeitsbegrenzung) ist dem A der Tod von F nicht zuzurechnen. Auch fehlt es am Risikozusammenhang, denn die rechtlich mißbilligte Gefahr durch zu schnelles Fahren schlägt sich nicht beim Überfahren des F nieder.

Auch in Fällen des sog. **erlaubten Risikos** oder bei Verwirklichung des **allgemeinen Lebensrisikos** wird man die Schaffung einer rechtlich zu mißbilligenden Gefahr zu verneinen haben.

Vgl. dazu Wessels-Beulke, AT, Rn 182f.

Die objektive Zurechnung entfällt auch, wenn ein **Dritter vollverantwortlich** eine neue selbständig wirkende Gefahr begründet, die sich ohne Fortwirken der vom Täter gesetzten Gefahr im Erfolg realisiert.

Vgl. dazu und zu den Ausnahmen: Wessels-Beulke, AT, Rn 192.

Ob darüber hinaus auch bei Fällen der sog. Risikoverringerung die Zurechnung entfällt, ist umstritten.

Vgl. dazu Wessels-Beulke, AT, Rn 193ff; Sch-Sch-Lenckner Vor §§ 13ff, 94.

Bei Fahrlässigkeitsdelikten kann auch **fehlender Pflichtwidrigkeitszusammenhang** die objektive Zurechnung ausschließen.

Vgl. dazu Wessels-Beulke, AT, Rn 197ff.

Schließlich wird die Zurechnungsproblematik auch als **Frage der Risikoerhöhung** aufgefaßt. Danach ist objektive Zurechenbarkeit bereits gegeben, wenn durch das Verhalten des Täters die Chance des Erfolgseintritts verglichen mit dem normalen Risiko erhöht wurde. Abweichende Ergebnisse ergeben sich bei diesem Ansatz vor allem bei Unterlassungsfällen im Hinblick auf die Behandlung der hypothetischen Kausalität.

Herkömmlicherweise (vor allem von der Rechtsprechung) wird die

Erfolgszurechnung als Vorsatzproblem

aufgefaßt und unter dem Schlagwort der

Abweichung vom vorgestellten Kausalverlauf

abgehandelt. Es geht dabei um die Frage der Deckungsgleichheit (Kongruenz) zwischen vorgestelltem und tatsächlichem Kausalverlauf. Sofern beide nicht übereinstimmten und die Abweichung wesentlich sei, könne man den Erfolg dem Täter nicht zurechnen. Die Abweichung sei im Grundsatz stets dann wesentlich, wenn sie außerhalb des nach allgemeiner Lebenserfahrung Voraussehbaren liege.

Sie haben damit in diesem Kurs erstmals eine Stelle erreicht, in der zu einer Frage verschiedene Meinungen vertreten werden, ein sog. **Streitstand**.

14

Derartige Streitstände gibt es an (viel zu) vielen Stellen im Strafrecht und dort zu den verschiedensten Fragen. Sich mit ihnen auseinanderzusetzen ist eine wesentliche Aufgabe während des weiteren Studiums, insbesondere bei der Anfertigung von Haus- Seminar- und (ggf) Examensarbeiten. Ein solcher Streitstand bedarf dort, aber auch in einer Klausur, einer ganz bestimmten Aufbereitung, Verarbeitung und Darstellung.

Es gilt zunächst, die **verschiedenen Ansichten herauszuarbeiten** und deren **Inhalt** und Aussage **in kurzer, präziser Form zu skizzieren.** Diese Übersicht muß sodann in den Fall aufgenommen, in ihm verarbeitet werden. Dazu ist wie folgt zu verfahren:

1. Schritt:
Man hat nach der Feststellung, daß an dieser Stelle im Gutachten ein Streitstand besteht, zunächst die erste Ansicht in ihren wesentlichsten Zügen darzustellen.

2. Schritt:
Diese ist dann auf den Fall anzuwenden und festzustellen, was sich als konkretes Ergebnis dabei ergibt.
Danach stellt man die zweite Ansicht entsprechend dar und erarbeitet wiederum, welches Ergebnis man mit diesem Ansatz erhielte. Gleiches gilt dann für die dritte Ansicht usw. Sie erhalten so eine Reihe von Ergebnissen.

3. Schritt:
Stellen Sie fest, ob diese Ergebnisse übereinstimmen oder nicht. Liegt Übereinstimmung vor, so können Sie für die weitere Lösung von diesem einheitlichen Ergebnis ausgehen, Sie brauchen dann den Streit **nicht zu entscheiden.**
Eine Entscheidung wäre hier nicht nur **überflüssig,** weil sie die Fallösung nicht fördert, sondern gutachtlich sogar **falsch!**

4. Schritt:
Stimmen die Ergebnisse nicht überein, ist der Streit zu entscheiden.

Die Streitentscheidung erfordert eine intensive Auseinandersetzung mit den Argumenten, die für und gegen die verschiedenen Meinungen ins Feld geführt werden. Der Student soll dabei zeigen, daß er abwägen, argumentieren und auch eigene Gesichtspunkte in die Waagschale werfen kann. Schließlich ist aus den dargestellten Argumenten (in logisch schlüssiger Weise) eine Entscheidung zu folgern und so das Ergebnis festzustellen.
Weichen die Ansichten teilweise voneinander ab, so ist es zumindest sinnvoll, den Streit nur soweit zu entscheiden, bis die verbleibenden Ansichten übereinstimmen.

15

Bsp.: Meinung 1 sagt (+); Meinungen 2 und 3 auch; Meinung 4 sagt (-). - Zulässig ist es, nur darzulegen, weshalb der Meinung 4 nicht zu folgen ist. Da die anderen Ansichten alle zum gleichen Ergebnis gelangen, braucht der Streit nicht weiter entschieden zu werden.

Für den Streit bezüglich der Zurechnung ergibt sich nun jedoch noch ein weiteres Problem, nämlich, **an welcher Stelle** er in einem Gutachten zu behandeln ist, da die verschiedenen Ansichten an völlig unterschiedlichen Stufen im Deliktsaufbau anzusiedeln sind. Da der Streit frühestens relevant wird, nachdem man festgestellt hat, daß Kausalität i.s.d. Äquivalenztheorie vorliegt, ist es m.E. empfehlenswert, daran anschließend den Streit zu behandeln. Daß dies in Bezug auf die Ansicht, die die Zurechnung im Vorsatzbereich behandeln will, systemwidrig ist, sollte man dabei in Kauf nehmen.

Ebenso systemwidrig wäre es jedoch andererseits, erst im subj. Tatbestand den Streit zu behandeln, müßte man doch z.b. die Lehre von der objektiven Zurechnung, die dem objektiven Tatbestand zuzurechnen ist, dann im subjektiven Tatbestand abhandeln.

Noch anders will Samson, vgl. WuV Strafrecht I, Fall 17, dieses Problem lösen. Er führt einen eigenständigen Prüfungspunkt "Kongruenz" ein, den er nach dem obj. und subj. Tatbestand behandelt. Dort erörtert er dann die Zurechnungsfrage.

Welchem Aufbau Sie folgen sollten, darf in Ihrer Arbeit nicht diskutiert werden. Folgen Sie tunlichst der an Ihrer Uni üblichen Praxis!

Ein weiteres Problem ist, inwieweit, also wie detailliert auf diesen Streit in einer Klausur einzugehen ist. In der Anfängerübung ist es m.E. ausreichend, die Äquivalenztheorie, die zusammengefaßte Lehre von der objektiven Zurechnung und die Lösung über die Abweichung vom vorgestellten Kausalverlauf darzulegen.

Fall 2:

A schießt auf B, der verletzt zusammenbricht. Er wird mit dem Krankenwagen ins Krankenhaus transportiert. Unterwegs verunglückt der Krankenwagen. Bei dem Unfall wird B tödlich verletzt. Strafbarkeit des A?

Lösungsvorschlag

A könnte sich gem. § 212 strafbar gemacht haben, indem er B niederschoß.
Der Taterfolg ist mit dem Tod des B, eines anderen Menschen, eingetreten.

Weiter ist Kausalität zwischen diesem Erfolg und der Tathandlung, dem Niederschießen, erforderlich. Grundsätzlich bestimmt man die Kausalität im Strafrecht nach der Äquivalenztheorie. Danach ist jede Bedingung Ursache, die nicht hinweggedacht werden kann, ohne daß der Erfolg in seiner konkreten Gestalt entfiele. Denkt man sich das Schießen weg, wäre B nicht mit dem Krankenwagen abtransportiert und bei dem Unfall nicht tödlich verletzt worden. Mithin entfiele der Erfolg, so daß Kausalität nach der Äquivalenztheorie vorliegt.

Fraglich bleibt, ob dieser von A verursachte Erfolg ihm auch rechtlich zuzurechnen ist. Die Frage der Erfolgszurechnung ist stark umstritten.

Die Anhänger der Adäquanztheorie sehen die Frage der Erfolgszurechnung als Kausalitätsproblem an, indem sie die Zurechnungsgesichtspunkte als Teil der

Kausalität begreifen. Sie leugnen damit die Existenz einer selbständigen Zurechnungsfrage. Kausalität liege danach vor, wenn es bei einer solchen Tathandlung nicht außerhalb aller Lebenswahrscheinlichkeit liege, daß ein derartiger Erfolg eintrete. Angesichts der in letzter Zeit sehr häufig zu beobachtenden Unfälle von Krankenwagen während ihrer Einsatzfahrten und der Tatsache, daß verschiedene Sanitätsorganisationen ein Passieren von Ampeln bei Rotlicht trotz eingeschalteten Blaulichts und Horns nicht mehr gestatten, kann man einen Unfall auf dem Transport jedenfalls nicht als übermäßig unwahrscheinlich ansehen. Es liegt mithin nicht außerhalb jeder Lebenserfahrung, daß bei einem Krankentransport ein Unfall geschieht. Dabei ist es wiederum nicht völlig ungewöhnlich, daß ein Unfallbeteiligter tödliche Verletzungen erleidet. Kausalität (und damit Erfolgszurechnung) nach der Adäquanztheorie liegt also vor.

Überwiegend wird demgegenüber die Zurechnung als Vorsatzproblem aufgefaßt, sog. Abweichung vom vorgestellten Kausalverlauf. Weicht der subjektiv vorgestellte vom objektiv gegebenen Kausalverlauf erheblich ab, fehle es an der Kongruenz zwischen objektiver und subjektiver Tatseite, so daß eine Erfolgszurechnung ausscheide. Während sich A vorgestellt haben wird, daß der B durch den Schuß zu Tode kommen würde, geschah dies durch einen Unfall. Die damit vorliegende Abweichung wäre dann als erheblich anzusehen, wenn es außerhalb aller Lebenswahrscheinlichkeit läge, daß bei dieser Handlung der Tod derart eintritt. Das ist nicht der Fall, siehe oben. Mithin liegt keine erhebliche Abweichung vom vorgestellten Kausalverlauf vor, der Erfolg ist A zuzurechnen.

Wieder anders behandeln die Lehren von der objektiven Zurechnung die Frage der Erfolgszurechnung. Nachdem man Kausalität i.S.d. Äquivalenztheorie festgestellt hat, sei zunächst zu fragen, ob der Täter ein rechtlich zu mißbilligendes Risiko geschaffen habe. Auf jemanden zu schießen, schafft stets das Risiko für das Opfer, zu Tode zu kommen. Da dies auch rechtlich keine Billigung zu erlangen vermag, ist diese Voraussetzung erfüllt. Weiter müsse sich gerade dieses Risiko in dem konkreten Erfolg realisiert haben. Hier hat sich das jeder Verletzung innewohnende, nicht unwahrscheinliche Risiko realisiert, auf dem Krankentransport in einen Unfall verwickelt zu werden und dabei zu sterben. Dieses Verkehrsrisiko ist nicht untypische Folge schwerer Verletzungen, so daß eine Risikorealisierung im Sinn dieser Ansicht anzunehmen ist. Auch nach dieser Meinung ist A somit der Erfolg zuzurechnen.

Folglich ist hier nach allen Ansichten A der Todeserfolg zuzurechnen, so daß eine Streitentscheidung entbehrlich ist.

Subjektiv ist Vorsatz bezüglich Tathandlung und Taterfolg erforderlich. Da A sowohl den den Tod verursachenden Schuß vornehmen wollte, als auch den Erfolg erstrebte, ist Vorsatz unproblematisch zu bejahen.

Rechtswidrigkeit und Schuld sind gegeben.
A hat sich somit gem. § 212 strafbar gemacht.

§§§§ §§§§ §§§§ §§§§ §§

Nach der Äquivalenztheorie sind, wie oben gesehen, die zu untersuchenden Handlungen hinwegzudenken. Dabei ist jedoch streng darauf zu achten, daß man nicht an die Stelle der weggedachten Handlung eine Ersatzursache hinzudenkt.

Fall 3:
X schlägt mit einem Knüppel auf Y ein, um ihn zu töten. Er wird noch drei Schläge benötigen, um die Verletzungen des Y so schwer werden zu lassen, daß Y zu Tode kommen würde. Da tritt Q hinzu und erschießt Y. Strafbarkeit von X und Q gem. § 212?

Lösungsvorschlag

1. Teil: Strafbarkeit des Q

Bei mehreren Beteiligten ist grundsätzlich vorab gedanklich die Frage zu klären, mit welchem Beteiligten man die Prüfung beginnt. Diese Überlegung wird jedoch nicht in das Gutachten übernommen. Es lassen sich wenige allgemein gültige Regeln dazu aufstellen: Bei Teilnahme des einen an Taten des anderen ist stets zuerst der Haupttäter zu prüfen. Bei mehreren Tätern oder Teilnehmern ist ansonsten mit dem Tatnächsten zu beginnen. Im übrigen können logische Abhängigkeiten der Prüfungen voneinander sowie Zweckmäßigkeit (Problemkonzentration, Übersichtlichkeit, Verständlichkeit etc.) den Aufbau bestimmen. In Fällen wie dem vorliegenden gibt es keinen Grund, der eine Prüfung des einen oder des anderen Beteiligten vor dem jeweils anderen zwingend erfordern würde.

Q könnte sich gem. § 212 strafbar gemacht haben, indem er auf Y schoß.

Der Taterfolg ist mit dem Tod des Y, eines anderen Menschen, eingetreten.

Weiter erforderlich ist Kausalität der Handlung des Y für den Todeserfolg. Nach der Äquivalenztheorie darf der Schuß nicht hinwegzudenken sein, ohne daß der Tod des Y entfiele. Hätte Q nicht geschossen, so lebte Y noch. Zwar hätte ihn dann der X mit drei weiteren Schlägen erschlagen, das wäre jedoch ein unzulässiges Hinzudenken von Ersatzursachen, das mit der Äquivalenztheorie nicht vereinbar ist. Man hat vielmehr gedanklich an dem Punkte zu verharren, an dem man die betreffende Handlung hinwegdenkt. Dies wäre hier der Zeitpunkt des Schusses. Also entfiele im vorliegenden Fall der Erfolg, Kausalität ist mithin zu bejahen und der objektive Tatbestand somit erfüllt.

Vorsatz, Rechtswidrigkeit und Schuld sind gegeben.

Q hat sich gem. § 212 strafbar gemacht.

2. Teil: Strafbarkeit des X

X könnte sich gem. § 212 strafbar gemacht haben, indem er auf Y einschlug.

Fraglich ist, ob X den Taterfolg, den Tod des Y, verursacht hat. Denkt man sich die Schläge des X hinweg, so entfiele der tödliche Schuß des Q und damit der Taterfolg dennoch nicht. Dafür, daß Q den Y ohne die Schläge des X gar nicht angetroffen hätte, gibt der Sachverhalt nicht genügend Anhaltspunkte, so daß deshalb nicht vom Wegfall des Erfolges ohne das Handeln des X auszugehen ist. X hat sich mithin nicht gem. § 212 strafbar gemacht.

Die Frage einer anderweitigen strafrechtlichen Verantwortung des X ist nach der Fallfrage nicht mehr zu erarbeiten. Der Vollständigkeit halber sei jedoch darauf hingewiesen, daß X sich gem. §§ 223, 224 und §§ 212, 22 strafbar gemacht hat. - Wäre der Sachverhalt so gebildet, wäre Ursächlichkeit der Schläge des X für den Tod des Y gegeben. Bei der dann zu prüfenden Zurechnung wird man aber nicht annehmen können, daß sich das typische Risiko bei einer Prügelei realisiert, wenn man durch einen völlig außerhalb des Geschehens stehenden Dritten unter Ausnutzung der Situation erschossen wird.

§§§§§§ §§§§ §§§§ §§§§ §§§§

Abbruch rettender Kausalverläufe

Bei der Anwendung der Äquivalenztheorie auf Fälle, in denen eine **Kausalkette, die zur Rettung des Opfers weiterführen würde,** von einem Dritten **unterbrochen** wird, entstehen Schwierigkeiten. Exakt käme man dazu, daß sich das Opfer nach wie vor in einer Lage zwischen Leben und Tod befindet. Die Entscheidung, ob der (z.B.) Todeserfolg entfiele oder nicht, wäre nicht getroffen. In Fällen des sog. Abbruchs rettender Kausalverläufe besteht nun jedoch Einigkeit darüber, daß ein

Hinzudenken des rettenden Kausalverlaufes

zulässig ist, also, daß der Helfer das Opfer **mit an Sicherheit grenzender Wahrscheinlichkeit** gerettet hätte.

Fall 4:

Bergsteiger B hängt in einer Felswand und droht abzustürzen. C will ein Seil holen und ihn retten. Da tritt A, ein Feind des B, auf C zu und hält diesen fest. B stürzt zu Tode. Strafbarkeit des A?

Lösungsvorschlag

A könnte sich gem. § 212 strafbar gemacht haben, indem er den C festhielt.

Der Taterfolg des § 212 ist mit dem Tod des B, eines anderen Menschen, eingetreten. Fraglich ist jedoch, ob A diesen Erfolg verursacht hat. Denkt man sich sein Verhalten, das Festhalten des C, hinweg, so hinge der B nach wie vor in der Wand. Daß B gerettet worden wäre, läßt sich jedoch nur dann folgern, wenn man hinzudenkt, C hätte das Seil geholt und ihn hinaufgezogen.

Es besteht nun aber Einigkeit, daß ein Hinzudenken derartiger rettender Kausalverläufe mit der Äquivalenztheorie vereinbar ist. Folglich kann davon ausgegangen werden, daß nach aller Wahrscheinlichkeit der C den B hier gerettet hätte. Mithin entfiele der Erfolg ohne die schädigende Handlung des A, also ist Kausalität zu bejahen und mangels anderer Angaben ist dieser Erfolg A auch zuzurechnen.

Vorsatz, Rechtswidrigkeit und Schuld sind gegeben.

Demnach hat sich A gem. § 212 strafbar gemacht.

§§§§§§ §§§§ §§§§ §§§§ §§§§

Fälle der Doppelkausalität

Als Fälle sog. Doppelkausalität werden solche bezeichnet, in denen **unabhängig voneinander zwei Ursachen wirken**, die denselben Erfolg herbeiführen.

Bsp. (nach Samson, WuV I, Fall 5): A mäht jeden Samstag den Rasen in seinem Garten. Seine Frau pflegt ihm dann ein Glas eisgekühlte Limonade auf der Terrasse bereitzustellen. X schleicht sich an das Glas und schüttet eine tödliche Menge von einem Gramm Zyankali ins Glas. 10 Minuten später tut Y das gleiche, da er von der Tat des X nichts weiß. Nachdem sich das Gift aufgelöst hat, nimmt A seinen Erfrischungstrunk und stirbt sofort. - Entgegen der z.T. vertretenen Ansicht, in solchen Fällen versage die Conditio-Formel (so Welzel, S. 45), lassen sich diese Fälle durch sachgerechte Anwendung der Äquivalenztheorie lösen. Bis zum Tod des A wirken nämlich beide Giftmengen zusammen auf den Körper des A ein. Dieser resorbiert das Gift beider Täter bis zur tödlichen Grenzmenge und dies ist der Zeitpunkt, den es mit der Conditio-Formel zu untersuchen gilt. Denkt man sich dort das Gift des einen Täters weg, so würde das verbleibende, resorbierte Gift des anderen unter der tödlichen Grenzmenge liegen. Folglich entfiele der Erfolg. Somit gelangt man zum richtigen Ergebnis, daß sowohl X wie Y für den Tod des A kausal wurden.

20

Überholende Kausalität

Damit beschreibt man Fälle, in denen ein Kausalverlauf angelegt ist, der einen bestimmten Erfolg herbeiführen würde. Nun tritt eine neue Ursache ein, die die Fortwirkung der vorherigen Bedingung vollkommen beseitigt und unabhängig von ihr den gleichen Erfolg herbeiführt.

> **Bsp.**: Patient P stirbt am ärztlichen Kunstfehler. Er wäre ohnehin eine halbe Stunde später an einer verdorbenen Blutkonserve gestorben.

Da es auf den **Erfolg in seiner konkreten Gestalt** ankommt, gelangt man unter Anwendung der Conditio-Formel zum Ergebnis, daß ein Hinwegdenken des Kunstfehlers zum Fortfall des Todes durch Kunstfehler führen würde. Der Tod durch eine verdorbene Blutkonserve weist eine andere Gestalt auf und darf daher nicht zur Untersuchung der Kausalität in Betracht gezogen werden.

Alternative Kausalität

Alternative Kausalität bezeichnet Fälle in denen zwei oder mehrere Kausalverläufe angelegt sind, die alle zum Erfolg führen würden, aber nur allein einer davon den Erfolg verursacht.

> **Bsp.**: A mäht jeden Samstag den Rasen in seinem Garten. Seine Frau pflegt ihm dann ein Glas eisgekühlte Limonade auf der Terrasse bereitzustellen. X schleicht sich an das Glas und schüttet eine tödliche Menge von dem Gift 1 ins Glas. 10 Minuten später tut Y das gleiche, da er von der Tat des X nichts weiß. Jedoch verwendet er das Gift 2, das anders als Gift 1 erst nach Stunden seine tödliche Wirkung entfaltet. A nimmt seinen Erfrischungstrunk und stirbt sofort. - Bis zum Tod des A wirkt hier allein das Gift 1 auf den Körper des A ein. Dieser resorbiert daher nur das Gift von X bis zur tödlichen Grenzmenge und dies ist der Zeitpunkt, den es mit der Conditio-Formel zu untersuchen gilt. Denkt man sich dort das Gift des Y weg, so würde das Gift des X dennoch tödlich gewirkt haben. Daher entfiele der Erfolg nicht, also gelangt man zum Ergebnis, daß zwar X, nicht aber Y für den konkreten Tod des A kausal wurde.

Kumulative Kausalität

Kumulative Kausalität bezeichnet Fälle in denen mehrere unabhängig voneinander gesetzte Ursachen erst in ihrem Zusammenwirkenden Erfolg herbeiführen.

> **Bsp.**: A schießt auf O. Sein Schuß verletzt ihn nicht tödlich. Gleichzeitig hat aber auch B auf O geschossen und auch sein Schuß war für sich betrachtet nicht tödlich. Durch beide Schußverletzungen zusammen war der Blutverlust aber so groß, daß O stirbt. - Hier ist jeder der beiden Täter kausal für den Erfolgseintritt geworden, denn denkt man sich das eine oder das andere Handeln weg, so entfiele jeweils der Erfolg.

1. Wie ist der Prüfungsaufbau gegliedert?

   1. Tatbestand
   a) objektiver Tatbestand
   b) subjektiver Tatbestand
   2. Rechtswidrigkeit
   3. Schuld
   4. Strafe

2. Was wird in den Vorschriften des Bes.Teils nur beschrieben?

   Meist nur der objektive TB des jeweiligen Delikts, nur ausnahmsweise Rechtswidrigkeit und Vorsatz

3. In welchem Umfang ist auf den Punkt "Strafe" einzugehen?

   Nur insoweit, als Strafausschließungs-oder aufhebungsgründe in Frage stehen

4. Was bleibt vor allem außer Betracht?

   Strafzumessungsfragen

5. Welche gedankliche Vorarbeit hat man bei Erstellung des Gutachtens durchzuführen?

   Erfassung des Sachverhaltes; Aufsuchen der einschlägigen Straftatbestände; Erfassen der Fallfrage

6. Wie beginnt das Gutachten?

   Mit einem Einleitungssatz (Fragestellung)

7. Inhalt dieses ersten Satzes?

   Täter, in Betracht kommender Straftatbestand und untersuchte Handlung

8. Was versteht man unter Subsumtion?

   Prüfung, ob ein konkreter Sachverhalt von der abstrakten Norm erfaßt wird

9. In welche Schritte unterteilt man den Subsumtionsvorgang?

   Fragestellung, Definition, Herausarbeitung des Sachverhaltes, Prüfung, ob Sachverhalt Definition ausfüllt, Ergebnis

10. Wann ist ein Verhalten tatbestandsmäßig?

   Konkrete Umstände entsprechen den abstrakten Merkmalen einer im Gesetz beschriebenen, mit Strafe bedrohten Handlung

11. Was ist das wesentliche Element der Erfolgsdelikte?

   Der Eintritt eines bestimmten, im Tatbestand näher beschriebenen Erfolges

12. Was versteht man unter Kausalität?

   Die Abhängigkeit eines Erfolges von einem Verhalten, sog. Ursachenzusammenhang

13. Was ist nach der Äquivalenztheorie als Ursache anzusehen?

   Jede Bedingung, die nicht hinweggedacht werden kann, ohne daß der Erfolg in seiner konkreten Gestalt entfiele.

14. Wie sieht die Gedankenoperation aus, die man vornimmt, um festzustellen, ob ein Verhalten kausal i.S.d. Äquivalenztheorie ist?

Man denkt sich das in Frage stehende Verhalten fort und fragt, ob dann auch der Erfolg entfiele. Falls ja, ist Kausalität gegeben.

15. Nach welcher anderen Theorie wollen einige Autoren die Kausalität abweichend bestimmen?

Nach der Adäquanztheorie

16. Was besagt diese?

Ausgehend von der Äquivalenztheorie sollen nur solche Umstände als Ursachen anerkannt werden, die nach allgemeiner Lebenserfahrung dazu geeignet sind, einen derartigen Erfolg herbeizuführen.

17. Wie korrigiert man die Weite der Äquivalenztheorie?

Durch die Frage nach der Zurechenbarkeit eines Verhaltens

18. Welche Wege werden im Rahmen der Zurechnung vertreten?

Adäquanztheorie, Relevanztheorie, Abweichung vom vorgestellten Kausalverlauf, Lehre von der objektiven Zurechenbarkeit

19. Was ist hinsichtlich der Adäquanztheorie in diesem Zusammenhang zu merken?

Sie ist keine Zurechnungslehre, sondern eine Kausalitätstheorie

20. Was besagt die Lehre von der objektiven Zurechenbarkeit?

Ein durch menschliches Verhalten verursachter Unrechtserfolg ist nur dann zurechenbar, wenn dieses Verhalten eine rechtlich zu mißbilligende Gefahr des Erfolgseintritts geschaffen und diese Gefahr sich auch tatsächlich in dem konkreten erfolgsverursachenden Geschehen realisiert hat

21. Wie faßt die überwiegende Ansicht die Zurechnungsfrage auf?

Als Vorsatzproblem, als Frage der Abweichung des tatsächlichen vom vorgestellten Kausalverlauf

22. Wann ist danach ein Erfolg zurechenbar?

Wenn der tatsächliche Geschehensablauf nur unwesentlich von dem abweicht, den der Täter sich vorgestellt hatte, kann ihm der Erfolg zugerechnet werden

23. Wann ist eine solche Abweichung wesentlich/unwesentlich?

Wenn die Abweichung außerhalb/innerhalb des nach der Lebenswahrscheinlichkeit Vorhersehbaren liegt

24. Skizzieren Sie, wie ein Streitstand in die Fallösung einzuarbeiten ist

Siehe dazu Seite 15ff

25. Nur wann darf also ein Streit entschieden werden?

Wenn die Anwendung der verschiedenen Ansichten auf den Fall zu unterschiedlichen Ergebnissen geführt hat

26. Was ist bei der Kausalitätsprüfung zu beachten?

Es dürfen anstelle der hinweggedachten Handlungen keine Ersatzursachen hinzugedacht werden

27. Was versteht man unter dem Abbruch rettender Kausalverläufe?

Eine zur Vermeidung eines Erfolges in Gang gesetzte Kausalkette wird von einem Dritten unterbrochen

28. Was ist in diesen Fällen zulässig?

Das Hinzudenken des rettenden Kausalverlaufes

29. Was hat man demnach zu prüfen?

Ob der angelegte, rettende Kausalverlauf mit an Sicherheit grenzender Wahrscheinlichkeit den Erfolg vermieden hätte

30. Was versteht man unter Doppelkausalität?

Fälle, in denen unabhängig voneinander zwei Ursachen wirken, die denselben Erfolg herbeiführen

31. Beschreiben Sie Fälle überholender Kausalität

Zu einem Kausalverlauf, der einen Erfolg herbeiführen würde, tritt eine neue Ursache, die die Fortwirkung der vorherigen Bedingungen vollkommen beseitigt, aber dennoch den gleichen Erfolg herbeiführt

32. Was beschreibt die kumulative Kausalität?

Fälle in denen erst mehrere Ursachen in ihrem Zusammenwirken den Erfolg herbeiführen.

3. Kapitel

Vorsatz

Die meisten Delikte des Besonderen Teils enthalten keinen Hinweis darauf, ob Vorsatz erforderlich ist. Aus § 15 (lesen!) folgt, daß in diesen Fällen stets vorsätzliches Handeln zur Tatverwirklichung nötig ist, aber dabei jede Vorsatzform genügt. Das Gesetz enthält weder eine Definition des Vorsatzes noch der Fahrlässigkeit. Nach einer wenig exakten Kurzformel versteht man unter Vorsatz das Wissen und Wollen der Tatbestandsverwirklichung. Nach der (hier vertretenen) finalen Handlungslehre ist der Vorsatz als Teil des subjektiven Tatbestandes zu begreifen. Er muß sich auf diejenigen Merkmale (Tatumstände) erstrecken, die zum objektiven Tatbestand des jeweiligen Delikts zählen, die sog. objektiven Tatbestandsmerkmale.

Es läßt sich daher im Grundsatz festhalten, daß sich objektiver und subjektiver Tatbestand insoweit decken müssen, als jedem objektiven Tatbestandsmerkmal ein entsprechendes subjektives Tatbestandsmerkmal (Vorsatz) gegenübersteht.

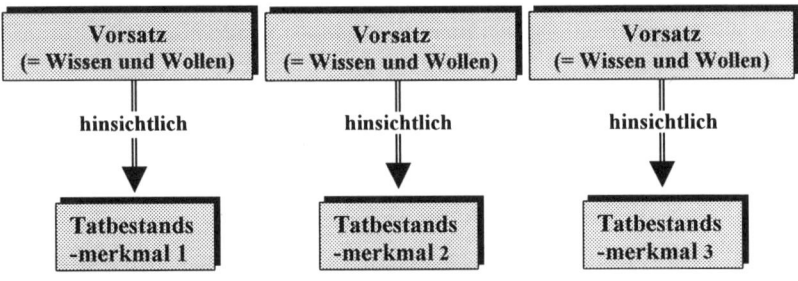

Fall 5:
A erschießt B, um ihm die Geldbörse abzunehmen. Strafbarkeit des A aus § 212?

Lösungsvorschlag

A könnte sich gem. § 212 strafbar gemacht haben, indem er den B erschoß.

Der Tod eines anderen Menschen, B, ist eingetreten. Dieser Taterfolg beruht auf einer Verhaltensweise des A, die mithin kausal für den Erfolgseintritt ist. Anlaß zu Zweifeln an der Zurechenbarkeit dieses Erfolges gibt der Sachverhalt nicht. Damit ist der objektive Tatbestand erfüllt.

In subjektiver Hinsicht setzt § 212 Vorsatz voraus. Vorsatz bedeutet Wissen und Wollen der Umstände, die den objektiven Tatbestand ausfüllen. Da A hier wußte, daß er den Tod eines anderen Menschen herbeiführen würde und es ihm darauf auch gerade ankam, er es also wollte, liegen auch diese Voraussetzungen vor.

Rechtswidrigkeit und Schuld sind gegeben.

Folglich hat sich A gem. § 212 strafbar gemacht.

In derartig einfachen Fällen kommt man also mit dieser pauschalen Vorsatzbeschreibung zum Ziel, in solchen Fällen braucht daher auf die besonderen Vorsatzformen nicht eingegangen zu werden.

§§§§§§ §§§§ §§§§ §§§§ §

Da sich der Vorsatz auf die Merkmale des objektiven Tatbestandes zu beziehen hat, diese aber sehr unterschiedliche Qualität aufweisen können, soll zunächst kurz auf die Einteilung der Tatbestandsmerkmale und die daraus für die Vorsatzfragen resultierenden Folgen eingegangen werden.

Bsp.: An die Wissensseite des Vorsatzes werden ganz unterschiedliche Anforderungen gestellt, je nachdem, ob es darum geht, daß der Täter erkennt, der zerstörte Gegenstand sei eine Sache oder ob es um einen Anspruch auf die erstrebte Bereicherung beim Betrug geht.

Arten der Tatbestandsmerkmale

Tatbestandsmerkmale beschreiben in abstrakten Begriffen Tatumstände. Dies kann in **deskriptiver** wie in **normativer Form** geschehen. Nicht zu den Tatbestandsmerkmalen gehören die sog. **objektiven Bedingungen der Strafbarkeit**.

Deskriptive Tatbestandsmerkmale sind solche, bei denen das Gesetz Begriffe der täglichen Umgangssprache verwendet.

Bsp.: Sache, Töten, Zerstören etc.

Bei ihnen soll es zur Annahme von Vorsatz ausreichen, wenn der Täter diejenigen Tatumstände kennt, die das abstrakte Tatbestandsmerkmal ausfüllen.

Bsp.: Der Täter weiß, daß er ein Auto zerstört. Da er weiß, daß es sich um ein Auto handelt (Kenntnis der konkreten Tatumstände), kennt er auch das Merkmal Sache i.S.d. § 303.

Als normative Tatbestandsmerkmale bezeichnet man solche, die der Rechtssprache entliehen sind und daher rechtliche Wertungen beinhalten.

Bsp.: Urkunde, Eigentum, fremd.

Für solche Merkmale muß der Täter nicht nur die Tatumstände kennen, sondern darüber hinaus den Begriffsinhalt zumindest in laienhafter Weise gedanklich erfaßt haben (sog. Parallelwertung in der Laiensphäre).

Bsp.: Wenn der Täter Vorsatz bezüglich des Merkmals "fremd" handeln soll, muß er die Tatumstände die die Fremdheit begründen kennen und sich vorstellen, daß die Sache einem anderen gehört.

Nicht zu den Tatumständen gehören die **objektiven Bedingungen der Strafbarkeit**. Sie stellen außerhalb der tatbestandsmäßigen Handlung stehende, selbständige Strafvoraussetzungen dar, die das Gesetz aus Zweckmäßigkeitsgründen zur Strafeinschränkung verwendet, z.b. die schwere Folge in § 227.

Fehlt die objektive Bedingung der Strafbarkeit, ist deshalb die Strafbarkeit ausgeschlossen. Da sie nicht zum Tatbestand gehören, brauchen sie **nicht vom Vorsatz umfaßt** zu werden.

Auch die Rechtswidrigkeit der tatbestandsmäßigen Handlung gehört nicht zum Tatbestand (Grundsatz). Daher sind die in vielen Strafvorschriften enthaltenen "Hinweise" wie z.b. rechtswidrig in § 303 nur der Hinweis auf die Rechtswidrigkeit im Sinne eines allgemeinen Verbrechensmerkmals.

Demgegenüber ist die Rechtswidrigkeit stets dann Tatbestandsmerkmal, wenn sie nur einen einzelnen Umstand und nicht die Rechtswidrigkeit der Handlung insgesamt beschreiben will, z.b. in § 263: rechtswidriger Vermögensvorteil.

Die Elemente des Vorsatzes

Der Vorsatz zerfällt nach der obigen pauschalen Definition in ein **Wissenselement** und in ein **Willenselement** (str.). Wie diese Vorsatzbestandteile im einzelnen ausgestaltet sind, hängt von der jeweiligen Form des Vorsatzes ab.

Direkter Vorsatz 1. Grades

Als direkten Vorsatz 1.Grades (**dolus directus I**) bezeichnet man Fälle, in denen der Täter die Tatbestandsverwirklichung **als Ziel in seine Vorstellung aufgenommen** hat. Dabei muß es sich nicht um das Endziel handeln, sondern es reicht jedes notwendige Zwischenziel, das der Täter auf seinem Weg zum Endziel verwirklichen muß. Vielfach bezeichnet man den dolus directus I auch als Absicht. Damit ist das **Willenselement** (voluntatives Element) in dieser Vorsatzform beschrieben. Die **Wissensseite** (intellektuelles Moment) setzt bei dolus directus I jedenfalls ein Fürmöglichhalten des tatbestandsmäßigen Erfolges voraus, denn wer ein Ziel anstrebt, hält es grundsätzlich zumindest für möglich, daß das (Zwischen-)Ziel auch erreicht werden kann.

Direkter Vorsatz 2. Grades

Diese Vorsatzform (**dolus directus II**) erfaßt Fälle, in denen der Täter die Verwirklichung des Tatbestandes **als sichere Folge** in sein Vorstellungsbild aufgenommen hat. Es dominiert demnach hier das **intellektuelle Moment des Vorsatzes**. Da jemand, der eine Folge als sicher erachtet, den Erfolg aufgrund seiner Kenntnisse auch akzeptiert, zu ihm also eine positive Willenseinstellung aufweist, ist auch die voluntative Seite bei dieser Vorsatzform vorhanden. Da sie aber demnach mit dem sog. "sicheren Folgewissen" stets einhergeht, bedarf bei dieser Vorsatzform allein die intellektuelle Seite der Prüfung.

Eventualvorsatz

Der Eventualvorsatz (dolus eventualis) beschreibt dagegen Fälle, in denen weder die intellektuelle noch die voluntative Seite eindeutig dominieren. Hier geht es darum, daß der Täter den Erfolg zumindest **für möglich hält**, aber dennoch handelt. Damit ist freilich diese Vorsatzform keineswegs exakt beschrieben. Was genau der Eventualvorsatz voraussetzt, ist im einzelnen umstritten.

> Der gesamte Streitstand ist mittlerweile derartig ausgeufert und "zerschrieben", daß sich kaum noch generelle Aussagen treffen lassen, vgl. z.B. Wessels AT, § 7 II 3.

Nahezu Einigkeit besteht über die Ausprägung der intellektuellen Seite. Der Täter muß den Erfolgseintritt für möglich halten. **Umstritten** ist dagegen, ob dazu auch ein **voluntatives Element** treten und **welchen Inhalt** dieses ggf. aufweisen muß.

Vor allem in der älteren Literatur werden Ansätze vertreten, die die **Existenz eines voluntativen Elementes leugnen**, indem sie meinen, dolus eventualis liege bereits dann vor, wenn der Täter den Erfolgseintritt konkret für möglich halte.

> Vgl. dazu die Nachweise bei Lackner-Kühl § 15, 27. Dort findet sich auch ein knapper Überblick über die in Teilen abweichenden Ansätze.

Nach Wahrscheinlichkeitsgesichtspunkten, aber auch im rein intellektuellen Bereich, grenzen demgegenüber andere ab, wenn sie verlangen, der Täter dürfe sich den Taterfolg nicht als unwahrscheinlich vorstellen, bzw. er müsse von dessen Eintritt mit einiger Wahrscheinlichkeit überzeugt sein.

> So z.B. H-Mayer, AT, S.121.

Während die erste Ansicht sowohl die Existenz des voluntativen Vorsatzelementes als auch die der bewußten Fahrlässigkeit leugnet, hat die zweite Ansicht nach dem Grad der Wahrscheinlichkeit zur bewußten Fahrlässigkeit abzugrenzen.

Die **Rechtsprechung** stellt demgegenüber darauf ab, daß der Täter den Erfolg nicht nur für möglich halte, sondern ihn auch billige, **ihn billigend in Kauf nehme**. D.h., daß zusätzlich zu einem intellektuellen Moment ein voluntatives hinzutreten muß. Jedoch soll es dabei genügen, daß der Täter den Erfolgseintritt für möglich halte und dennoch handele, er sich damit abfinde (sog."Billigen im Rechtssinne").

Vgl. BGHSt 36, 1, 9

Andere verlangen demgegenüber, daß der Täter die **Möglichkeit des Erfolgseintritts ernst genommen** hat, aber dennoch handelt.

So etwa Stratenwerth, ZStW 71, 51.

Ähnlich auch die wohl heute herrschende Lehre: Eventualvorsatz liege vor, wenn der Täter den Erfolgseintritt ernstlich für möglich hält und sich mit dem Eintritt des Erfolges abfindet.

Vgl. dazu die Nachweise und die Übersicht bei Lackner-Kühl § 15, 24.

Wieder andere meinen, der Täter müsse für den Fall der Verwirklichung des Taterfolges mit dieser Folge **einverstanden** sein (sog. Einwilligungstheorie).

So Maurach-Zipf, AT-1, 22/36.

Weiter wird vertreten, es komme auf die **Gleichgültigkeit gegenüber dem verletzten Rechtsgut** an, ähnlich sprechen andere davon, daß der Täter eine Verletzung des geschützten Rechtsgutes **aus Gleichgültigkeit in Kauf nehmen** müsse.

So vor allem Cramer in Sch-Sch § 15, 84.

Schließlich soll es nach wieder anderer Ansicht entscheidend sein, ob der Täter einen **Willen zur Vermeidung des Erfolges** betätigt hat. Fehle es daran, liege Eventualvorsatz vor.

A. Kaufmann, ZStW 70, 64.

Es zeigt sich an dieser (nicht abschließenden !!) Aufzählung der verschiedenen Ansichten zur Begründung des dolus eventualis, daß diese Frage heillos umstritten ist.

Für eine **Klausurlösung** wird daher keinesfalls erwartet, daß der Verfasser alle vertretenen Meinungen darzulegen vermag, es reicht vielmehr aus, wenn er einige Aspekte anführt und sich mit diesen auseinandersetzt.

 Lesen Sie zur Vertiefung die Übersicht bei Sch-Sch-Cramer § 15, 72-88.

Die voluntative und intellektuelle Seite
des Vorsatzes

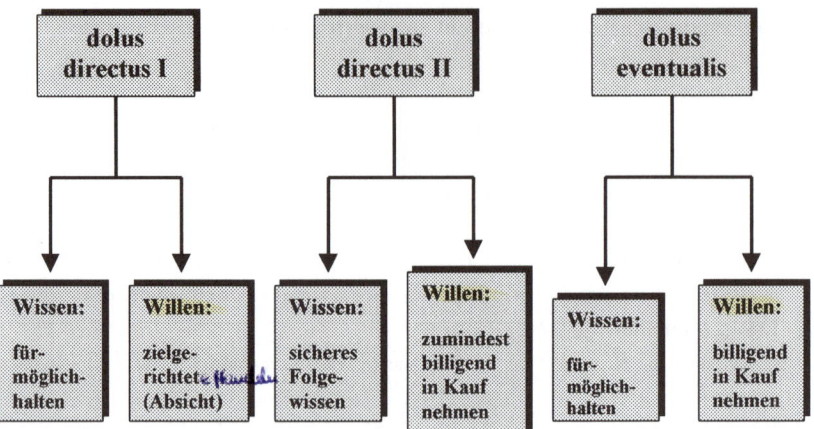

Fall 6:

X ist Pilot, der regelmäßig eilige fremde Güter transportiert. Dessen Feind Y will ihn töten und beschädigt daher das Flugzeug des X, so daß es ca. nach 15 Minuten abstürzen wird. Da X meist den Z mitnimmt, schickt Y dem Z eine fingierte Vorladung zur Polizei exakt für den Tag, an dem X das nächste Mal fliegen wird. Als X fliegt, ist Z dennoch dabei, da er den Schwindel herausgefunden hatte. Das Flugzeug stürzt ab, X und Z und der ebenfalls an Bord befindliche P kommen dabei um. Daß P mitfliegen könnte, hatte Y nicht erwartet. - Strafbarkeit des Y?
  (Hinweis: zu prüfen sind nur § 212 und 303!)

Lösungsvorschlag

Wegen der Beschränkung der Frage auf Totschlag und Sachbeschädigung bleiben hier einige Vorschriften, die sonst hätten geprüft werden müssen, außer Betracht. So insbesondere § 267 durch die fingierte Vorladung; § 315 Eingriff in den Luftverkehr, § 211 Mord usw.

I. Y könnte sich gem. § 212 strafbar gemacht haben, indem er das Flugzeug beschädigte und X tötete.
  Der Tod eines anderen Menschen, des X, ist eingetreten. Hätte Y das Flugzeug nicht beschädigt, wäre dieses nicht abgestürzt und X durch die dabei auftretenden Kräfte nicht umgekommen. Folglich hat Y den Tod des X nach der Äquivalenztheorie verursacht. Da Gründe, die einer Erfolgszurechnung entgegenstehen könnten, hier nicht ersichtlich sind, ist dieser Erfolg dem Y auch zuzurechnen. Damit ist der objektive Tatbestand erfüllt.

Subjektiv ist Vorsatz erforderlich. Da es dem Y darauf ankam, den X zu töten, dies sein Endziel war, handelte er insoweit mit dolus directus 1. Grades. Rechtswidrigkeit und Schuld sind gegeben.

X hat sich gem. § 212 strafbar gemacht.

II. Y könnte sich gem. § 212 strafbar gemacht haben, indem er durch dieselbe Handlung auch Z tötete.

Hinsichtlich des objektiven Tatbestandes kann auf die Ausführungen unter I. verwiesen werden, die entsprechend gelten.

Subjektiv müßte Y Vorsatz gehabt haben. Dies erscheint fraglich. Da der Tod des Z nicht Endziel und auch kein notwendiges Zwischenziel für den angestrebten Tod des X war, sondern lediglich eine Nebenfolge, liegt jedenfalls kein dolus directus 1. Grades vor.

Darüber hinaus dürfte Y angesichts der Vorladung, auf deren Wirksamkeit er hoffte, auch den Tod des Z nicht als sichere Nebenfolge erkannt haben, so daß auch dolus dir. 2.Grades ausscheidet.

Y könnte jedoch dolus eventualis gehabt haben. Welche Anforderungen an diese Vorsatzform zu stellen sind, ist im einzelnen umstritten. Einigkeit besteht nur insoweit, als alle Ansichten zunächst voraussetzen, daß der Täter den Erfolgseintritt zumindest für möglich gehalten haben muß.

Bei sachgerechter, lebensnaher Auslegung des Sachverhaltes kann man davon ausgehen, daß Y sich nicht sicher war, ob sein Abhaltemanöver gegenüber Z auch gelingen würde. Da er dies lediglich "hoffte", hatte er wohl ein Scheitern einkalkuliert und rechnete folglich auch mit der Möglichkeit, daß Z doch am Flug teilnehmen würde. Da er für Flugteilnehmer den Tod als sicher annahm, hielt er es folglich für möglich, daß auch Z zu Tode kommen könnte. Damit liegt die intellektuelle Seite des dolus eventualis vor.

Fraglich ist jedoch, ob zu diesem intellektuellen Moment noch ein voluntatives hinzutreten und wie dieses ggf. ausgestaltet sein muß.

In Klausuren ist es an solchen Stellen unmöglich und daher wird es auch nicht verlangt, alle zu dieser Frage vertretenen Ansätze darzustellen. Es gilt vielmehr, einige wesentliche Positionen aufzuzeigen, indem man die Grundgedanken ähnlicher Ansätze zusammenfaßt.

Einige meinen, es reiche allein das intellektuelle Moment aus, danach läge hier Vorsatz vor.

Andere leugnen gleichfalls die Existenz eines voluntativen Elementes, stellen aber auf das Maß der Wahrscheinlichkeit ab. Da der Plan des Y recht gut überlegt war und nur besondere Umstände zum Mißlingen führen konnten, ist ein nach dieser Ansicht notwendiges Maß an gesteigerter Wahrscheinlichkeit nicht gegeben, Vorsatz also abzulehnen.

Überwiegend wird demgegenüber ein zusätzliches voluntatives Element gefordert. So ist vor allem die Rechtsprechung der Auffassung, der Täter müsse den Erfolg billigend in Kauf nehmen, wozu allerdings ein "Billigen im Rechtssinne" ausreiche. Da Y die Gefährlichkeit seines Unternehmens kannte, aber dennoch handelt, zeigt er, daß er sich in letzter Konsequenz innerlich mit dem Erfolgseintritt abgefunden hat. Damit billigt er den Erfolg im Rechtssinne, so daß Vorsatz gegeben ist.

Einige Autoren meinen, die voluntative Seite sei gegeben, wenn der Täter keinen Willen zur Erfolgsverhinderung gefaßt und betätigt habe. Dies ist aber hier mit der Vorladung geschehen, so daß danach dolus eventualis ausscheiden würde.

Schließlich wird auch vertreten, der Täter müsse den Erfolg ernst genommen haben und sich dennoch für die Tat entschieden haben. Wie sich aus dem Plan des Y ergibt, hat er sich diverse Gedanken zu der Tat gemacht, also die Erfolgsmöglichkeit ernst genommen, sich aber dennoch für die Tat entschieden. Also läge auch nach dieser Ansicht dolus eventualis vor. Es gelangen somit die Ansichten zu verschiedenen Ergebnissen, so daß der Streit (teilweise) zu entscheiden ist.

Gegen die Ansicht, die auf das Maß der Wahrscheinlichkeit abstellt, spricht, daß zwischen den Graden der Wahrscheinlichkeit praktisch nicht zu unterscheiden ist und diese Theorie somit unpraktikabel wird. Gegen die Theorie, die auf den betätigten Vermeidewillen abstellt, ist anzuführen, daß auch bei Betätigung eines solchen Willens der Täter stets den Erfolgseintritt noch für möglich hält. Außerdem ist nicht einzusehen, daß der Täter, der beispielsweise nur gewußt hätte, daß eine polizeiliche Vorladung an Z unterwegs ist, Eventualvorsatz aufweisen soll, der hingegen, der eine solche Vorladung abschickt, diesen nicht aufweisen soll. Daher ist diese Theorie abzulehnen.

Da alle anderen Theorien dolus eventualis bejahen, kann eine weitere Streitentscheidung unterbleiben.
Damit ist bedingter Vorsatz des Y gegenüber gegeben.
Rechtswidrigkeit und Schuld sind gegeben.
Y hat sich gem. § 212 wegen Totschlags an Z strafbar gemacht.

III. Y könnte sich gem. § 212 strafbar gemacht haben, indem er durch dieselbe Handlung auch P tötete.

Hinsichtlich des objektiven Tatbestandes gelten die Ausführungen unter I. entsprechend.

Da der Tod des P weder End- oder Zwischenziel noch sichere Nebenfolge war, scheidet dolus directus aus. Ferner hat X aber mit dem Tod des P nicht einmal gerechnet. So fehlt ihm schon das intellektuelle Moment des Eventualvorsatzes, so daß dolus eventualis bereits deshalb ausscheidet.
Also hat sich Y nicht gem. § 212 wegen Totschlags an P strafbar gemacht.

IV. Y könnte sich gem. § 303 strafbar gemacht haben, indem er das Flugzeug beschädigte und zum Absturz brachte.

Das Flugzeug ist eine für Y fremde Sache, die bei dem Absturz zerstört wurde. Der objektive Tatbestand ist mithin erfüllt.

Subjektiv ist Vorsatz erforderlich. Da die Zerstörung des Flugzeuges bei dem Absturz notwendig ist, um die Absturzkräfte auch auf X weiterzuleiten, damit dieser getötet wird, stellt sich die Zerstörung der Maschine als notwendiges Zwischenziel auf dem Weg zum Endziel des Y dar. Die beabsichtigte Verwirklichung solcher Zwischenziele begründet dolus directus 1. Grades. Somit hatte Y Vorsatz. Der subjektive Tatbestand ist also erfüllt.

Rechtswidrigkeit und Schuld sind gegeben.

Damit hat sich Y gem. § 303 strafbar gemacht.

V. Y könnte sich gem. § 303 strafbar gemacht haben, indem durch den Absturz die mittransportierten fremden Güter zerstört wurden.

Die Güter sind für Y fremde Sachen. Bei lebensnaher, sachgerechter Auslegung des Sachverhaltes kann davon ausgegangen werden, daß X auch dieses Mal solche Güter transportierte und diese beim Absturz zerstört wurden. Der objektive Tatbestand ist erfüllt.

Subjektiv ist Vorsatz erforderlich. Da die Zerstörung der Güter keine notwendige Voraussetzung für den Tod des X war, handelte es sich bei dem Zerstören nicht um ein notwendiges Zwischenziel, so daß dolus directus 1. Grades ausscheidet. Da Y jedoch erkannt haben wird, daß die sicher auch diesmal an Bord befindlichen Güter beim Absturz zerstört werden würden, hat er diesen Erfolg als sichere Nebenfolge in seine Vorstellung aufgenommen. Er hatte damit Vorsatz in Form des dolus directus 2. Grades.

Rechtswidrigkeit und Schuld sind gegeben.

Y hat sich gem. § 303 hinsichtlich der Güter strafbar gemacht.

Endergebnis:
Y hat sich gem. § 212 in zwei Fällen (X und Z) und § 303 in zwei Fällen (Flugzeug und Güter) strafbar gemacht. Da diese Taten durch ein- und dieselbe Handlung, das Beschädigen der Maschine, verursacht wurden, stehen sie im Verhältnis der Idealkonkurrenz gem. § 52 zueinander.
Da nach der Strafbarkeit aus anderen Normen nicht gefragt war, ist darauf nicht einzugehen.- Die Konkurrenzen werden hier nur der Vollständigkeit wegen erwähnt; sie werden an anderer Stelle behandelt.

§§§§§§ §§§§ §§§§ §§§§ §§§§

Der Grundsatz, der Vorsatz müsse das subjektive Spiegelbild des objektiven Tatbestandes sein, gilt nicht ausnahmslos. Zwar trifft es zu, daß bei Fehlen der subjektiven Tatseite grds. kein Vorsatz vorhanden ist, indes läßt sich diese Aussage nicht umkehren, denn es gibt Tatbestände, bei denen es kein objektives Merkmal gibt, das dem subjektiven entspräche.

Lesen Sie § 242 und versuchen dann folgendes **Beispiel** zu lösen:
A zieht B dessen Brieftasche aus der Jacke und verschwindet damit. -
In Betracht kommt hier Strafbarkeit aus § 242. Dieser setzt objektiv folgendes voraus:
1. Sache;
2. fremd;
3. beweglich;
4. Wegnahme.
Subjektiv ist Vorsatz erforderlich, der sich auf 1.-4. erstrecken muß. Im Gesetzestext ist aber weiterhin noch von "der Absicht..., sich zuzueignen" oder kürzer von "Zueignungsabsicht" die Rede. Aus dieser Formulierung des Gesetzes kann man entnehmen, daß es sich bei der Absicht um ein subjektives Merkmal handeln muß. Der objektive Tatbestand weist aber kein Merkmal *Zueignung* auf, das diesem subjektiven Element entsprechen würde. Die Zueignungsabsicht ist ein subjektives Unrechtsmerkmal, und da der Tatbestand des § 242 subjektiv - also auf der inneren Tatseite - "mehr" aufweist als objektiv, spricht man von einem Tatbestand mit überschießender Innentendenz (so auch z.B. §§ 249, 263, 274).

Prüfungshinweis: Der objektive Tatbestand ist in diesen Fällen wie üblich (hier die Merkmale 1.-4.) zu behandeln. Das gleiche gilt für den Vorsatz. Hat man diesen bejaht, prüft man, ob auch noch die Absicht der rechtswidrigen Zueignung vorliegt, also ob ein entsprechender Vorsatz - hier in Form des dolus directus 1. Grades - bezüglich einer Zueignung gegeben ist (war es Ziel des Täters, sich die Sache zuzueignen?).

Meist, aber nicht immer ist dolus directus 1. Grades erforderlich, wenn das Gesetz Absicht fordert. So ist für die Täuschungsabsicht des § 267 nur dolus directus 2. Grades erforderlich - vgl. Schönke/Schröder/Cramer § 267, 91 (str). Es läßt sich mithin sagen, daß der Begriff der Absicht heute jedenfalls dazu dient, dolus eventualis auszuschließen. Ob dann dolus directus 1. oder 2. Grades erforderlich ist, kommt auf den jeweils betroffenen Tatbestand an.

Sachgedankliches Mitbewußtsein

Grundsätzlich ist für die intellektuelle Seite des Vorsatzes erforderlich, daß der Täter zum Zeitpunkt der Tat in aktuell wirksamer Weise Kenntnis der Umstände aufweist, die die Merkmale des objektiven Tatbestandes begründen. Dies kann freilich nicht bedeuten, daß der Täter sämtliche Umstände ausdrücklich im Sinne eines "Darandenkens" zum Zeitpunkt der Tat zu bedenken hat. Ausreichend ist vielmehr ein sog. **sachgedankliches Mitbewußtsein** oder **ständiges Begleitwissen**. Dieses soll dann vorliegen, wenn

> **der jeweilige Tatumstand zum jederzeit abrufbaren Wissen**

eines Menschen gehört, der sich in der Situation des Täters befindet. Der Täter muß auf die fiktive Frage nach den betreffenden Tatumständen sofort und ohne große Überlegung in der Lage sein, diese zu aktualisieren.

Dies ist nur ein ganz grober Anriß der Figur des sachgedanklichen Mitbewußtseins, die insbesondere im Hinblick auf ihren psychologischen Hintergrund nicht ganz einfach nachzuvollziehen ist. Vgl. näher dazu: Rudolphi, SK, § 16, 24 f.

Wiederholungsfragen zum 3. Kapitel

1. Worauf muß sich der Vorsatz beziehen?

   Grundsätzlich auf alle Merkmale des objektiven Tatbestandes

2. Wie wird bei Tatbestandsmerkmalen unterschieden?

   Nach deskriptiven und normativen Merkmalen

3. Wie lassen sich deskriptive Tatbestandsmerkmale charakterisieren?

   Sie umfassen Begriffe aus der täglichen Umgangssprache und bedürfen keiner weiteren rechtlichen Bewertung

4. Welche Anforderungen an das Vorstellungsbild des Täters sind bei diesen Merkmalen zu stellen?

   Es genügt, daß er diejenigen Tatumstände kennt, die das Tatbestandsmerkmal ausfüllen

5. Wie kann man normative Tatbestandsmerkmale charakterisieren?

   Sie sind der Rechtssprache entliehen und beinhalten rechtliche Wertungen

6. Wie muß hier die Vorstellung des Täters aussehen?

   Neben Kenntnis der das Merkmal ausfüllenden Tatumstände muß er zumindest in laienhafter Weise die Bedeutung des Begriffes erfaßt haben

7. Was stellt kein Tatbestandsmerkmal dar?

   Objektive Bedingungen der Strafbarkeit

8. Welche Vorsatzformen kann man unterscheiden?	Direkter Vorsatz 1. Grades, direkter Vorsatz 2. Grades, Eventualvorsatz
9. Beschreiben Sie den Inhalt des dolus directus 1.Grades	Der Täter strebt einen bestimmten Taterfolg als Ziel an (regelmäßig als "Absicht" im Gesetz bezeichnet)
10. Was beschreibt der dolus directus 2. Grades?	Fälle, in denen der Täter den Erfolg als sichere Folge voraussieht
11. Beschreiben Sie 1. die intellektuelle u. 2. die voluntative Seite bei allen drei Vorsatzformen	dolus directus 1. Grades: 1. Für-möglich-halten; 2. Absicht, also zielgerichtetes Handeln dolus directus 2. Grades: 1. Sicheres Folgewissen; 2. voluntative Seite stets gegeben; Eventualvorsatz: 1. Für-möglich-halten; 2. umstritten
12. Was ist beim dolus eventualis umstritten?	Ob zu dem intellektuellen Moment noch ein voluntatives hinzutreten muß und wie dieses ggf. auszusehen hat
13. Wann hat man in der Fallbearbeitung auf diesen Streit nur einzugehen?	Nur dann, wenn man zuvor festgestellt hat, daß der Täter den Erfolg zumindest für möglich gehalten hat. Fehlt es schon daran, scheitert Eventualvorsatz bereits im intellektuellen Bereich!
14. Was bezeichnet der Ausdruck der überschießenden Innentendenz?	Ein Tatbestand weist im subjektiven Bereich mehr Merkmale auf als im objektiven Bereich. Während sich objektiver und subjektiver Tatbestand grds. entsprechen, tritt hier im subjektiven Bereich ein zusätzliches Merkmal in Form einer Absicht hinzu, die keine Entsprechung im objektiven Tatbestand findet.
15. Beispiele für überschießende Innentendenzen?	Zueignungsabsicht (§ 242); Bereicherungsabsicht (§ 263); Täuschungsabsicht (§ 267); Nachteilszufügungsabsicht (§ 274) usw.

4. Kapitel

Die Rechtswidrigkeit

Hat man bei einer Fallösung objektiven und subjektiven Tatbestand geprüft und bejaht, so gelangt man innerhalb des dreistufigen Deliktsaufbaus zur zweiten Stufe, der Rechtswidrigkeit. Da das Gesetz in seinen Strafnormen immer Verhaltensweisen abstrakt beschreibt, die nicht dem Recht entsprechen, also rechtswidrig sind, folgt diese Rechtswidrigkeit zwangsläufig aus der Tatbestandsmäßigkeit. Mit anderen Worten:

 erfüllt ein Verhalten den obj. und subj. Tatbestand einer Strafvorschrift, so ist damit dieses Verhalten im Grundsatz auch stets rechtswidrig.

Daher bedarf die Rechtswidrigkeit grundsätzlich auch **keiner positiven Prüfung**.

Die häufig in Klausuren und Hausarbeiten zu findende Floskel "die Tatbestandsmäßigkeit indiziert die Rechtswidrigkeit" besagt im Grunde nichts anderes, als die eben dargestellte Selbstverständlichkeit - sie ist daher **überflüssig!**

Anders ist die Lage bei sog. "offenen Tatbeständen". Dort ist die Rechtswidrigkeit positiv festzustellen.

> **Bsp.:** § 240, wo nach Abs.2 erforderlich ist, daß die Anwendung der Gewalt oder die Androhung des Übels zu dem angestrebten Zweck verwerflich ist.

Nun kann man aber auf die Prüfung der Rechtswidrigkeit in den ersteren Fällen dennoch nicht ganz verzichten, denn es kann ausnahmsweise der Fall eintreten, daß ein Verhalten zwar den objektiven und subjektiven Tatbestand erfüllt, dennoch aber nicht rechtswidrig ist. Diese Sachlage setzt dann voraus, daß ein Rechtfertigungsgrund eingreift. Daher läßt sich auch sagen, daß die Rechtswidrigkeit nur negativ zu prüfen ist, nämlich, ob sie ausnahmsweise nicht vorliegt.

Formulierungsmäßig gibt es für den Übergang von der Tatbestands- zur Rechtswidrigkeitsprüfung keine festen Regeln. Vorschlag für eine kurze, aber ausreichend präzise Formulierung:

 ... damit ist der Tatbestand erfüllt. Folglich hätte A auch rechtswidrig gehandelt, es sei denn, es griffen Rechtfertigungsgründe ein.

Gibt der Sachverhalt keinen Anhaltspunkt für Rechtfertigungsgründe, so sind diese auch nicht zu prüfen. Dann stellt man dies etwa wie folgt fest:

Anahaltspunkte dafür gibt der Sachverhalt jedoch nicht, also hat A rechtswidrig gehandelt.

In Fällen, in denen ganz eindeutig Rechtfertigungsgründe keine Rolle spielen und daher nicht anzusprechen sind, kann man auch zulässig auf deren Erwähnung verzichten, etwa so:

Mangels gegenteiliger Hinweise ist damit auch Rechtswidrigkeit gegeben.

Die Rechtfertigungsgründe schließen somit das bei Verwirklichung der Strafnorm an sich gegebene Unrecht aus, erlauben also das jeweilige Verhalten. Man spricht daher auch davon, daß den Unrechtstatbeständen (Strafnormen) **Erlaubnistatbestände** (Rechtfertigungsgründe) gegenüberstehen.

Dabei enthält auch der Erlaubnistatbestand wie der Unrechtstatbestand ein **objektives und subjektives Element**, die überwiegend **objektive bzw. subjektive Rechtfertigungselemente** genannt werden. Die Existenz, wie die Ausprägung des subjektiven Rechtfertigungselementes ist umstritten. Ebenso ist problematisch, welche Folge das Fehlen des subjektiven Rechtfertigungselementes auslöst.

Die Rechtfertigungsgründe im einzelnen

Die Notwehr, § 32

Der wohl auch außerhalb der juristischen Sphäre bekannteste Rechtfertigungsgrund ist die Notwehr, § 32. Das Notwehrrecht ist der einschneidendste Rechtfertigungsgrund, das härteste Notrecht. Die Notwehr ist seit Jahrzehnten stark umstritten und es gibt in ihrem Bereich zahlreiche noch nicht abschließend geklärte Fragen.

Voraussetzungen der Notwehr

1. Gegenwärtigen, rechtswidrigen Angriff (Notwehrlage)
2. Verteidigung ist erforderlich gewesen (Notwehrhandlung)
3. Verteidigungswille

Der Angriff

Angriff ist die

von einem Menschen drohende Rechtsgutverletzung

Es scheiden mithin Tierangriffe aus. Sofern das Tier jedoch als Angriffswaffe eines Menschen eingesetzt wird, liegt dagegen ein Angriff des dahinter stehenden Menschen vor. Auch Sachgefahren fallen nicht unter den Begriff des Angriffs.

Notwehrfähig ist jedes Individualrechtsgut

Bei **Rechtsgütern des Staates** (Staatsnotwehr) ist umstritten, ob sie notwehrfähig sind. **Rechtsgüter der Allgemeinheit** sind grds. nicht notwehrfähig.

Vgl. näher dazu Sch-Sch-Lenckner § 32, 6 ff; Lackner-Kühl § 32, 3.

Auch das Verhalten von **Kindern** und **Schuld- und Willensunfähigen** stellt einen Angriff dar.

H.M., z.B. Wessels-Beulke, AT, Rn 327). Nach anderer Ansicht ist ein schuldhaftes Verhalten erforderlich, vgl. z.B.Schmidhäuser AT, 6/65; Hoyer JuS 88, 89; Jakobs, AT 12/16

Ein **Angriff** kann auch im **Untätigbleiben** liegen, wenn der Unterlassende zum Handeln verpflichtet war. Der Angriff entfällt, wenn die Bedrohung nicht auf menschlichem Verhalten beruht, z.B. wenn es willensmäßig nicht beherrschbar ist.

Die Gegenwärtigkeit des Angriffs

Gegenwärtig ist ein Angriff, der

> **unmittelbar bevorsteht,**
> **gerade vorgetragen wird**
> **oder noch nicht vollständig abgeschlossen ist**

Abgeschlossen ist der Angriff, wenn er fehlgeschlagen, endgültig aufgegeben oder vollständig durchgeführt ist.

Die Beurteilung, ob ein Angriff gegenwärtig ist, hat mittels **obj. Betrachtung der Sachlage z.Zt. der Tat** zu geschehen.

An der **Gegenwärtigkeit fehlt** es, wenn es sich um eine bloße Dauergefahr handelt oder die präventive Abwehr künftiger Angriffe in Frage steht, sog. notwehrähnliche Lage.

Die Rechtswidrigkeit des Angriffs

Der Angriff ist rechtswidrig, wenn das objektive Recht das Angriffsverhalten negativ bewertet, das Angriffsverhalten also objektiv im Widerspruch zur Rechtsordnung steht. Das ist insbesondere beim Fehlen von entsprechenden Erlaubnissätzen der Fall.

Umstritten ist, ob es für die Mißbilligung durch die Rechtsordnung auf den Handlungsunwert (also das tatsächlich zu bewertende Angriffsverhalten) ankommt (so z.B. Lackner-Kühl § 32, 5 ; Sch-Sch-Lenckner § 32, 19, jeweils m.w.N.) oder das drohende Erfolgsunrecht maßgeblich ist (so z.B. Spendel LK, § 32, 55 ff m.w.N.)

Während weit überwiegend noch angenommen wird, auch das Verhalten Schuldunfähiger, Kinder und Betrunkener könne unter der Mißbilligung der Rechtsordnung stehen, werden zunehmend Einschränkungsversuche vorgenommen.

So wird die Ansicht vertreten, diese Personen könnten nicht die empirische Geltung der Rechtsordnung antasten, so daß ihr Verhalten schon nicht rechtswidrig sein könne.

Die Erforderlichkeit der Verteidigung

Die Notwehrhandlung muß **obj. erforderlich sein** und sich **gegen Rechtsgüter des Angreifers** richten.

> **Erforderlich ist diejenige Verteidigungshandlung, die einerseits die sofortige, endgültige Abwendung des Angriffs gewährleistet, andererseits das relativ mildeste Verteidigungsmittel darstellt**

Die Erforderlichkeit zerfällt demnach in zwei Prüfungspunkte:

> **1. Geeignetheit und**
> **2. das relativ mildeste Mittel**

Die Erforderlichkeit ist **ex ante**, und zwar **aus objektiver Sicht** zu bestimmen. Es kommt also darauf an, was der Notwehrübende objektiv als geeignetes Mittel zum Zeitpunkt seiner Handlung ansehen durfte und welche milderen Verteidigungsmöglichkeiten er hätte wahrnehmen können, die gleichermaßen geeignet waren.

Geeignetheit

Geeignet ist die Verteidigung dann, wenn sie grundsätzlich in der Lage ist, den Angriff zu stoppen. Dies ist im Einzelfall jeweils anhand des konkreten Sachverhalts zu ermitteln.

Mildestes Mittel

Es ist das Verteidigungsmittel zu wählen, das bei gleicher Wirksamkeit den geringsten Schaden anrichtet. Dabei ist die Intensität des Angriffs ebenso zu berücksichtigen, wie die Wahrscheinlichkeit, daß durch diese Verteidigung der Angriff **endgültig** beseitigt wird.

Rechtsprechung und Lehre sehen aber bei Verteidigung mittels Schußwaffen Einschränkungsbedarf. Danach sind zunächst Warnschüsse abzugeben, danach gezielt auf Beine oder Arme zu schießen und erst in allerletzter Konsequenz ist dann ein Todesschuß zulässig (falls dann bei all den Schüssen zuvor noch Patronen in der Waffe sind und der Angegriffene überhaupt noch lebt und nicht schon selbst erschossen wurde....!)

Wenn allerdings dieser Rahmen gewahrt wird, bleiben Folgen, die sich aus der typischen Gefährlichkeit der Verteidigungshandlung ergeben unbeachtlich.

Bsp.: T will O mit dem Messer töten. O gibt zu seiner Verteidigung einen Warnschuß ab. Dieser prallt von der Decke ab und trifft T tödlich in den Kopf. - Die konkrete Verteidigungshandlung des O (Warnschuß) war erforderlich. Die (ungewollte) Todesfolge bleibt daher ohne Auswirkung.

Beachten Sie: Da die Notwehr auf dem Grundsatz beruht

"das Recht braucht dem Unrecht nicht zu weichen",

ist Flucht grundsätzlich kein geeignetes milderes Mittel (so jedenfalls die Theorie, in der Praxis sieht das eher anders aus..!)

Nach dem Wortlaut des § 32 ist das Maß der Schäden, die durch die Notwehr verursacht werden, grundsätzlich nicht beachtlich:

Die Notwehr steht nicht unter dem Gebot der Verhältnismäßigkeit

Verhältnismäßigkeit zwischen den betroffenen Rechtsgütern ist daher auch nicht zu prüfen! (Zu den Einschränkungen der Notwehr, die jedoch nicht als Ausdruck der Verhältnismäßigkeit angesehen werden - zweifelhaft! - s. unten.)

Weiter darf die **Verteidigungshandlung** sich **nur gegen Rechtsgüter des Angreifers** richten, nicht aber in die Rechtsgüter unbeteiligter Dritter eingreifen - dann ist nur Rechtfertigung nach anderen Rechtfertigungsgründen möglich. Wo dieser Gesichtspunkt zu prüfen ist, wird offenbar nicht einheitlich beurteilt. Zweifelhaft, aber wohl möglich ist es, in solchen Fällen schon den Angriff zu verneinen. Besser erscheint es, dies als gesonderten Prüfungspunkt unter dem Gesichtspunkt der "Verteidigung" zu behandeln.

Die subjektive Seite der Rechtfertigung

Nach überwiegender Ansicht wird das tatbestandliche Unrecht nur dann ausgeschlossen, wenn sowohl die objektive wie die subjektive Seite der Rechtfertigung gegeben sind.

Vgl. zum Streitstand die Übersicht bei Sch-Sch-Lenckner Vor § 32, 13 ff sowie Wessels-Beulke, AT, Rn 276f.

Das subjektive Rechtfertigungselement wird in den verschiedenen Rechtfertigungsgründen unterschiedlich bezeichnet, so z.B. als **Verteidigungswille bei der Notwehr** oder **Rettungswille beim Notstand** gem. § 34.

42

Nach einer anderen Ansicht bewirkt die objektive Rechtfertigung den Ausschluß des Erfolgsunrechtes und die subjektive Rechtfertigung den Ausschluß des Handlungsunrechtes, so daß bei Fehlen des subjektiven Rechtfertigungselementes der Handelnde wegen Versuchs zu bestrafen ist.

Bsp.: A bedroht B mit einer Pistole. B glaubt, es handele sich um eine Spielzeugwaffe. Da er die Gelegenheit jedoch nutzen will, erschießt er A. - Hier fehlt es am Verteidigungswillen, da B weiß, daß keine Notwehrlage besteht und er allein handelt, um A zu töten. Nach herrschender Auffassung ist daher der Totschlag nicht gerechtfertigt, B ist gem. § 212 zu strafen. Nach der Minderansicht entfällt eine Bestrafung aus vollendetem Totschlag, B ist wegen versuchten Totschlags zu strafen.

Der Verteidigungswille entfällt nicht schon dann, wenn der Notwehrende die Schädigung beabsichtigt, sondern erst und nur dann, wenn der Schädigungsgedanke den Verteidigungsaspekt völlig in den Hintergrund gedrängt hat. Daher ist auch ein Gegenangriff (sog. Trutzwehr) als Notwehr möglich und zulässig.

Fall 7:
A will B töten, um ihn auszurauben. Er stürmt daher mit gezogenem Messer auf B zu und will den tödlichen Stich ansetzen, als B in letzter Sekunde seine Pistole zieht und A niederschießt. A ist sofort tot. - Strafbarkeit der Beteiligten?

Lösungsvorschlag

Bei diesem sehr einfachen Fall ergibt sich angesichts der Fallfrage, die hier auch auf A zu zielen scheint, die Notwendigkeit zu einem Hinweis: Ist laut Sachverhalt ein Beteiligter tot, wie hier A, so ist dessen Strafbarkeit nicht als eigener Prüfungspunkt zu untersuchen, es gibt also keinen Gliederungspunkt "Strafbarkeit des A". Daß gewisse Verhaltensweisen des A strafrechtlich zu untersuchen sind, weil sich Fragen, die die Strafbarkeit des B betreffen, daran anknüpfen, wird noch deutlich werden.

Strafbarkeit des B

B könnte sich gem. § 212 strafbar gemacht haben, indem er A niederschoß. Der tatbestandsmäßige Erfolg ist mit dem Tod des A eingetreten, dafür war das Verhalten des B auch kausal. Hinweise auf fehlende Zurechenbarkeit liegen nicht vor. Da B den A abwehren wollte, wird er es zumindest für möglich gehalten haben, daß A zu Tode kommt. Diesen Erfolg wird er zudem auch billigend in Kauf genommen haben, so daß B auch vorsätzlich handelte. Der Tatbestand ist damit erfüllt.

Mithin wäre das Verhalten des B auch rechtswidrig, es sei denn, es griffen Rechtfertigungsgründe ein. In Betracht kommt hier Notwehr gem. § 32.

Notwehr setzt zunächst einen Angriff voraus. Angriff ist die von einem Menschen drohende Rechtsgutverletzung. Hier drohte dem B die Verletzung seines Lebens, eines Rechtsgutes, durch A, einen Menschen. Folglich lag ein Angriff vor.

Dieser Angriff müßte gegenwärtig gewesen sein. Gegenwärtigkeit ist gegeben, wenn der Angriff unmittelbar bevorsteht, sich gerade zuträgt oder noch nicht vollständig abgeschlossen ist. Da hier A den tödlichen Stich ansetzt, hat der Angriff bereits begonnen, Gegenwärtigkeit liegt also vor.

Weiter müßte der Angriff rechtswidrig gewesen sein. Das ist der Fall, wenn das Angriffsverhalten objektiv im Widerspruch zur Rechtsordnung steht. Da für den Angriff des A keine Rechtfertigungsgründe ersichtlich sind und sein Verhalten im Widerspruch zur Rechtsordnung steht - er hätte § 212 verwirklicht -, ist der Angriff rechtswidrig.

An dieser Stelle ist häufig auf das Verhalten des Angreifers genauer einzugehen. Meist ist zu fragen, ob dieser einen Straftatbestand verwirklicht hat. Daher ist beim Aufbau eines Falles mit mehreren zu prüfenden Beteiligten darauf zu achten, daß der Angreifer zuvor bereits erörtert wurde, um so unschöne Inzidentprüfungen zu vermeiden. Solche Prüfungen lassen sich allerdings dann nicht umgehen, wenn der Angreifer bei seinem Angriff durch das Abwehrverhalten zu Tode gekommen ist.

Die Notwehrhandlung darf sich nur gegen Rechtsgüter des Angreifers richten (Verteidigung). Diese Voraussetzung ist hier mit dem Eingriff in das Leben des A gegeben.

Schließlich muß die Notwehrhandlung erforderlich gewesen sein. Erforderlich ist eine Verteidigungshandlung, die einerseits die sofortige endgültige Abwendung des Angriffs gewährleistet, dabei aber das mildeste aller gleichwirksamen verfügbaren Mittel darstellt.

Da B hier "in letzter Sekunde" handelte und der Sachverhalt keine Anhaltspunkte dafür bietet, daß er auf andere Art den Angriff hätte noch abwenden können, war der Schuß erforderlich.

Subjektiv muß die Notwehrhandlung nach überwiegender Ansicht von einem Verteidigungswillen getragen sein. Da B hier allein sein Leben retten will, ist auch dieses subjektive Rechtfertigungselement zu bejahen.

Auf den Streit, ob das subj. Rechtfertigungselement überhaupt erforderlich ist, braucht daher nicht eingegangen zu werden.

Hinweise darauf, daß ausnahmsweise eine Einschränkung der Notwehr geboten sein könnte, gibt der Sachverhalt nicht.

Folglich liegen alle Voraussetzungen des § 32 vor, B war also gerechtfertigt und hat somit nicht rechtswidrig gehandelt.

B hat sich demnach nicht gem. § 212 strafbar gemacht.

§§§§§§ §§§§ §§§§ §§§§ §§§§

44

Nothilfe

Nach dem Gesetzeswortlaut des § 32 liegt Notwehr auch vor, wenn der Angriff von einem anderen abgewendet wird. Diese Form der Notwehr zugunsten eines anderen nennt man **Nothilfe**. Sie richtet sich grundsätzlich nach den **gleichen Regeln wie die Notwehr**.

Allerdings ist Nothilfe stets dann ausgeschlossen, wenn der Angegriffene, der berechtigt und fähig ist, über seine betreffenden Rechtsgüter zu verfügen, sich nicht verteidigen will. Dazu reicht es nach überwiegender Ansicht aus, daß er den Angriff lediglich hinnimmt, eine regelrechte Einwilligung in den Angriff ist hingegen nicht erforderlich (str.).

Problematisch ist, inwieweit es **Nothilferechte seitens des Staates** gibt, also, auch z. B. die Polizei unter dem Gesichtspunkt der Nothilfe Schußwaffen zur Rettung eines Bürgers einsetzen darf. Vgl. zu diesem schwierigen Problemkreis: Sch-Sch-Lenckner § 32, 42 f.

Einschränkungen des Notwehrrechtes

Im Grundsatz gilt, daß das **Notwehrrecht keinen Einschränkungen unterliegt**, anders als z.B. § 34 durch das Gebot der Verhältnismäßigkeit.

Nun haben sich aber im Laufe der Zeit in Rechtsprechung und Literatur verschiedene Fallgruppen herauskristallisiert, in denen gleichwohl eine **Einschränkung des Notwehrrechtes** vertreten wird.

Den gesetzlichen Ansatzpunkt für derartige Korrekturen des § 32 sieht man in dem Merkmal des "**Gebotenseins" der Verteidigung**. Nicht jede Verteidigung, die erforderlich ist, soll danach auch geboten sein.

Eine Einschränkung der Notwehr soll in Betracht kommen, wenn dem Angegriffenen

**ohne Preisgabe berechtigter Interessen
ein anderes Verhalten zuzumuten ist**

(z.B. den Angriff hinzunehmen, auszuweichen, zu fliehen).

Dies wird in folgenden Fallgruppen angenommen:

1. **Krasses Mißverhältnis von Angriff und Verteidigung**
2. **Angriffe von Kindern, Geisteskranken, Betrunkenen und schuldlos Irrenden**
3. **Notwehrprovokation**
4. **Einschränkung des Notwehrrechts aus Art. 2 MRK (Menschenrechtskonvention)**
5. **Einschränkung des Notwehrrechts bei Angriffen nahestehender Personen**

Die Frage der Notwehreinschränkung ist im einzelnen noch längst nicht abgeklärt und stark umstritten.

☞ Lesen Sie: Wessels-Beulke, AT, Rn. 342 ff (zum Überblick); Roxin, ZStW 93 (1981), 68 ff (zur Vertiefung).

Die Einschränkungen der Notwehr im einzelnen:

Fallgruppe 1- Krasses Mißverhältnis

(kommt häufig in Anfängerklausuren vor): Bedroht ein Angriff nur geringfügige Rechtsgüter einerseits, geht es aber um die Verwirklichung eines Schadens an sehr hochwertigen Rechtsgütern andererseits, besteht also ein **krasses Mißverhältnis**, soll nach fast einhelliger Ansicht das Notwehrrecht dem Angegriffenen nicht zustehen.

Bsp.: Der gelähmte Gartenbesitzer G sieht wie Dieb D aus dem Kirschbaum des G die Kirschen stiehlt. Da weder Warnungen und Rufen noch ein Warnschuß aus seiner Schrotflinte den D beeindruckt haben, schießt G den D aus dem Kirschbaum. - Nach weit überwiegender Ansicht liegen zwar die Voraussetzungen der Notwehr vor, aber nach h.M. kommt einem solchen Angriff derart geringes Gewicht zu, daß es weder eines Schutzes der Interessen des G, noch der Bewährung der Rechtsordnung bedarf.

Fallgruppe 2 - Angriffe von Kindern etc.

Hier wird überwiegend vertreten, daß der Angegriffene dem **Angriff auszuweichen** habe, sofern ihm das ohne Preisgabe wesentlicher eigener Belange möglich sei. Ansonsten müsse der Angriff so schonend wie möglich abgewehrt werden.

Bsp.: Der A sieht wie das Kind K seinen Pkw mit einer Farbsprühdose besprühen will. Trotz der Warnrufe des A beginnt K sein Werk. Als A auch durch Hinterherlaufen den K nicht erreicht, schleudert er dem K einen Stein nach, der K tödlich am Kopf trifft. - Ob hier die Notwehr - trotz Vorliegens der Voraussetzungen - ausgeschlossen ist, ist zweifelhaft. Nach den o.g. Voraussetzungen der h.M. (vgl. dazu nur die Nachweise bei Wessels-Beulke, AT, Rn. 344) wäre Notwehr zu bejahen. Dennoch wird insbesondere die Praxis dazu neigen, Notwehr auszuschließen, da Kinder die Rechtsordnung nicht in Frage stellen könnten und es dem A zuzumuten sei, diese Beeinträchtigung seines Eigentums hinzunehmen!

46

Fallgruppe 3 - Notwehrprovokation

In Fällen der **absichtlichen Notwehrprovokation** soll ebenfalls keine Notwehr möglich sein, da der Angegriffene hier nicht zur Verteidigung handele, sondern lediglich, um den Angreifer zu schädigen. Der Verteidiger, der ja der eigentliche Angreifer sei, handele **rechtsmißbräuchlich**.

In Fällen der **sonstigen Notwehrprovokation** ist man sich zwar im Grundsatz einig, daß auch hier das Notwehrrecht einzuschränken sei, wenn der Verteidiger den Angriff veranlaßt hat. Über die Begründung und die Art dieser Einschränkung besteht jedoch Streit.

Überwiegend wird verlangt, daß der Angegriffene, soweit es ihm möglich ist, auszuweichen habe, ggf. auch unter Preisgabe eigener Interessen. Nur wenn dies nicht möglich sei, dürfe er sich der Schutzwehr aber nicht der Trutzwehr bedienen. Aber selbst dann soll eine Tötung des Angreifers nur im äußersten Notfall in Betracht kommen.

Vgl. dazu z.B. Wessels-Beulke, Rn.348.

Ob das Vorverhalten des Angegriffenen rechtswidrig gewesen sein muß, ist str.

Andererseits kann jedenfalls sozialadäquates Verhalten nicht zur Notwehrprovokation führen.

Schließlich wird auch versucht, Fälle dieser Fallgruppe über die Konstruktion der sog. actio illicita in causa zu lösen, so z.B. Sch-Sch-Lenckner § 32, 61.

Fallgruppe 4 - MRK

Nach wohl h.M soll aus **Art. 2 MRK** keine Einschränkung des Notwehrrechts folgen, soweit es um die Notwehr zwischen privaten Personen geht, da die Menschenrechtskonvention nur im Verhältnis zur staatlichen Gewalt gelten soll (str.).

Fallgruppe 5 - Nahestehende Personen

Auch bei engen persönlichen Beziehungen, z.B. Ehe, soll eine Einschränkung des Notwehrrechts möglich sein. Hier widerstreiten die Garantenstellung (also die Pflicht, den Rechtsgütern des Familienmitgliedes Schutz zu gewähren etc.) einerseits und das Recht zur Selbstverteidigung andererseits. Nach überwiegender Ansicht muß dem Angriff ausgewichen werden, soweit dies möglich ist. Sonst ist so schonend wie möglich vorzugehen und ggf. sind auch "kleinere Mißhandlungen" hinzunehmen. Insgesamt sind diese Fälle aber noch nicht abschließend geklärt und stark umstritten.

Siehe dazu die Übersichten bei Lackner-Kühl, § 32, 14f; Wessels-Beulke, AT, Rn. 345.

Fall 8:

A entwendet im Laden des B drei Tafeln Schokolade. Als er flieht und B keine Möglichkeit mehr hat, ihn aufzuhalten, ergreift B ein in seinem Laden zum Verkauf liegendes Schlachtermesser und schleudert es A nach. Dieser wird getroffen und tödlich verletzt. Damit hat B gerechnet. - Strafbarkeit der Beteiligten?

Lösungsvorschlag

B könnte sich gem. § 212 strafbar gemacht haben, indem er dem A das Messer nachschleuderte.

Der tatbestandsmäßige Erfolg ist mit dem Tod des A eingetreten. Dafür war B auch kausal. Zweifel an der Zurechenbarkeit des Erfolges sind nicht gegeben. Also ist der objektive Tatbestand erfüllt.

Subjektiv ist mindestens dolus eventualis erforderlich. Da B mit dem Tod des A gerechnet hatte, aber dennoch handelte, liegt jedenfalls Eventualvorsatz vor.

Damit hätte B auch rechtswidrig gehandelt, es sei denn, es griffen Rechtfertigungsgründe ein.

In Betracht kommt Notwehr nach § 32.

Ein Angriff durch A ist mit der dem B durch die Wegnahme der Schokolade drohenden Eigentumsbeeinträchtigung gegeben.

Da A an der Beute noch nicht gesicherten Gewahrsam begründet hat, wird die bereits eingeleitete Rechtsgutverletzung zumindest noch weiter intensiviert. Damit ist der Angriff jedenfalls noch nicht abgeschlossen, also noch gegenwärtig.

A hat mit der Entwendung der Schokolade den Tatbestand des § 242 erfüllt, daher steht sein Verhalten auch im Widerspruch zur Rechtsordnung. Da Rechtfertigungsgründe nicht ersichtlich sind, ist der Angriff auch rechtswidrig.

Die Verteidigung des B müßte weiterhin erforderlich gewesen sein, also einerseits geeignet, den Angriff endgültig abzuwehren und andererseits das mildeste der gleichgeeigneten Mittel.

Da der Angriff endgültig beendet ist und es laut Sachverhalt keine andere Möglichkeit zur Verteidigung für B gab, sind auch diese Voraussetzungen erfüllt. B wollte sein Rechtsgut Eigentum vor Schaden bewahren. Sein Verhalten wurde daher subjektiv auch von einem Verteidigungswillen getragen. Folglich liegen alle Voraussetzungen der Notwehr vor.

Demnach wäre B gerechtfertigt, es sei denn, hier käme ausnahmsweise ein Ausschluß der Notwehr in Betracht.

Eine Einschränkung des Notwehrrechtes könnte sich zunächst aus Art.2 MRK ergeben.

Danach ist die Tötung eines Menschen zur Rettung von Sachwerten unzulässig. Umstritten ist aber, ob Art. 2 MRK nur im Verhältnis Staat/Bürger oder auch im Verhältnis Bürger/Bürger gilt.

Während z.T. angenommen wird, Art.2 MRK betreffe auch das Verhältnis unter Privaten, wonach hier § 32 ausgeschlossen wäre, meint die überwiegende Ansicht, Art.2 MRK gelte allein im Verhältnis Staat/Bürger, so daß nach dieser Ansicht die Notwehr nicht nach Art.2 MRK ausgeschlossen werden kann.

Die damit an und für sich notwendige Streitentscheidung könnte hier aber dann entbehrlich sein, wenn die Notwehr jedenfalls unter einem anderen Aspekt ausgeschlossen wäre.

In Betracht käme eine Versagung des Notwehrrechtes wegen eines krassen Mißverhältnisses von Angriff und Verteidigung. Hier ging es um das Rechtsgut Leben einerseits und das Rechtsgut Eigentum andererseits. Zwar ist das Leben ein sehr hochwertiges Rechtsgut, doch das allein führt noch nicht zu einem krassen Mißverhältnis. Erst die Tatsache, daß es sich bei dem Eigentumsangriff um einen Angriff im Bagatellbereich (ca. DM 3,00) handelt, vermag ein krasses Mißverhältnis zu begründen. Damit ist die Notwehr hier jedenfalls ausgeschlossen, einer Streitentscheidung zu Art.2 MRK bedarf es somit nicht mehr.

Folglich ist B nicht gem. § 32 gerechtfertigt.
Andere Rechtfertigungsgründe können, da sie alle unter dem Grundsatz der Verhältnismäßigkeit stehen, ebenfalls nicht eingreifen, so daß B auch rechtswidrig handelte.

Entschuldigungsgründe liegen nicht vor, Hinweise auf einen Verbotsirrtum gibt der Sachverhalt nicht, so daß B auch schuldhaft handelte. Also hat sich B gem. § 212 strafbar gemacht.

Der rechtfertigende Notstand, § 34

Voraussetzungen des rechtfertigenden Notstands gem. § 34

1. Gefahr für ein Rechtsgut
2. Gegenwärtigkeit der Gefahr
3. Gefahr nicht anders abwendbar
4. Verhältnismäßigkeit

Als **Gefahr** sieht man eine Lage an, bei welcher

der Eintritt oder die Intensivierung eines Schadens ernsthaft zu befürchten ist

Es werden damit also auch gefährdende Zustände erfaßt.

Ob eine Gefahr vorliegt, ist zum Zeitpunkt der Abwehrhandlung aus Sicht eines objektiven Beobachters zu bestimmen. Zweifelhaft ist dabei, ob es auf das allgemeine Durchschnittswissen ankommt oder ob auch **Sonderwissen des Täters** zu beachten ist.

Wehrfähig ist, wie bei § 32, jedes Rechtsgut und, wie sich aus dem weiteren Wortlaut des § 34 ergibt, auch jedes Interesse.

Gegenwärtig ist die Gefahr, wenn sie sich so konkretisiert hat, daß der Schaden zumindest höchstwahrscheinlich ist, falls es nicht alsbald zu Abwehrmaßnahmen kommt.

Anders als bei der Notwehr erfaßt § 34 auch Eingriffe in die Rechtsgüter **unbeteiligter Dritter.**

Die Gefahr darf **nicht anders abwendbar** sein. Damit wird inhaltlich das Gleiche vorausgesetzt, wie bei der Notwehr mit der Erforderlichkeit, also die **Wahl des mildesten unter den gleichgeeigneten Mitteln.**

Ferner ist für § 34, anders als bei § 32, grundsätzlich eine **Interessenabwägung** (**Verhältnismäßigkeit**) vorzunehmen. Dabei sind einmal die betroffenen Rechtsgüter zu betrachten, aber auch das Maß ihrer Beeinträchtigung sowie die Existenz besonderer Pflichten, die zur Tragung der jeweiligen Gefahr verpflichten.

Insgesamt ist dann für das Eingreifen des § 34 ein

> **wesentliches Überwiegen des geschützten gegenüber dem beeinträchtigten Interesse**

nötig.

Umstritten ist schließlich die Einordnung des Satzes 2 von § 34, der sog. **Angemessenheitsklausel**. Während teilweise die Ansicht vertreten wird, Satz 2 stelle eine selbständige Wertungsstufe dar (so z.b. Hruschka, JuS 1979, 385, 390), meinen andere, die Angemessenheit sei Teil der Verhältnismäßigkeitsprüfung und habe lediglich die Funktion einer Kontrollklausel (so z.b. Schönke/Schröder/Lenckner, § 34, 46).

In der Fallbearbeitung sollte dieser Streit stets offen gelassen werden, da er keinerlei Einfluß auf das Ergebnis hat. Entweder wirkt Satz 2 als selbständiges Korrektiv und führt so ggf. zum Ausschluß des § 34 oder er ist im Rahmen der Interessenabwägung des Satzes 1 mit einzubeziehen und man hat ggf. die Verhältnismäßigkeit zu verneinen.

Subjektiv ist für § 34 ein **Rettungswille** notwendig. Aus der Formulierung der Vorschrift "um zu" folgert die h.M., daß zielgerichtetes Handeln in Bezug auf die Gefahrenabwehr erforderlich ist. Wie bei § 32 ist nicht zu verlangen, daß die Rettung der einzige Beweggrund für das Handeln gewesen ist.

Umstritten ist schließlich auch, ob § 34 als zusätzliches, ungeschriebenes Tatbestandsmerkmal die **pflichtgemäße Prüfung** durch den Täter beinhaltet. Dies wird von der Rechtsprechung verlangt und eine Rechtfertigung aus Notstand abgelehnt, wenn der Täter zwar zutreffend von dem Bestehen einer Notstandslage ausging, er aber die sorgfältige Prüfung derselben unterließ. Diese Auffassung wird zu Recht von der überwiegenden Ansicht in der Literatur abgelehnt.

Zu den Argumenten: Sch-Sch-Lenckner, § 34, 49.

In der Fallbearbeitung sollte § 34 als **letztes aller Notrechte geprüft** werden, da er Auffangcharakter hat, d.h. die spezielleren Notrechte (§§ 32, 218a, 904 BGB, 228 BGB, 127 StPO etc.) verdrängen § 34!

Fall 9:
P ist Patient der Privatklinik von Arzt A. Der schwerverletzte O wird eingeliefert und benötigt dringend eine Blutkonserve einer seltenen Blutgruppe, die nicht im Krankenhaus vorrätig ist und auch nicht rechtzeitig beschafft werden könnte. Da P jedoch über die benötigte Blutgruppe verfügt, zapft A diesem Blut ab, obwohl P die Einwilligung dazu ausdrücklich verweigert hatte. Strafbarkeit des A?

Lösungsvorschlag

I. A könnte sich gem. § 223 strafbar gemacht haben, indem er dem P Blut abnahm. Dann müßte A den P körperlich mißhandelt oder an der Gesundheit beschädigt haben.

Eine körperliche Mißhandlung ist eine Behandlung, durch die das körperliche Wohlbefinden in nicht unerheblicher Weise beeinträchtigt wird. Da der Einstich in den Körper mit der Kanüle Schmerzen erzeugt, beeinträchtigt er das körperliche Wohlbefinden. Zweifel könnte man jedoch deshalb haben, weil dieser Einstich durch einen Arzt vorgenommen wurde, es sich somit um einen Fall des ärztlichen Heileingriffs handeln könnte. Die rechtliche Einordnung des ärztlichen Heileingriffes ist zwar umstritten, jedoch könnte dieser Streit dann dahinstehen, wenn es sich nicht um einen Heileingriff handelte. Ein solcher setzt voraus, daß der Eingriff der Heilung desjenigen Patienten dient, in dessen Körper eingegriffen wird. Da es hier jedoch nicht um die Heilung des P, in dessen Körper A die Kanüle einstach, geht, liegt jedenfalls kein ärztlicher Heileingriff vor. Somit bleibt es bei einer körperlichen Mißhandlung des P durch A.

Ob darüber hinaus eine Gesundheitsbeschädigung, nämlich die Herbeiführung oder Steigerung eines krankhaften körperlichen Zustandes, eingetreten ist, läßt sich dem Sachverhalt nicht entnehmen. Daher kann davon nicht ausgegangen werden. Eine Gesundheitsbeschädigung hat A somit nicht herbeigeführt.

Die Körperverletzung des P hat A auch in zurechenbarer Weise verursacht, so daß der objektive Tatbestand verwirklicht ist.

Da A den P auch mit der Kanüle stechen wollte, und er wußte, daß dies bei P Schmerzen verursachen würde, hat er auch vorsätzlich gehandelt.

Somit wäre A's Verhalten auch rechtswidrig, es sei denn, es griffen Rechtfertigungsgründe ein.

In Betracht käme zunächst eine Einwilligung durch P. Laut Sachverhalt hat jedoch P eine solche Einwilligung ausdrücklich verweigert.

Die Rechtfertigung wäre weiter nach § 32 denkbar.

Die Notwehr läßt jedoch nur Eingriffe in die Rechtsgüter desjenigen zu, von dem ein Angriff ausgeht. Da hier P jedoch keinen Angriff verübt, scheidet schon deshalb Notwehr aus.

Eine Rechtfertigung käme weiter nach § 34 in Betracht. Dies setzt zunächst eine Gefahr für ein beliebiges Rechtsgut voraus. Das betroffene Rechtsgut ist hier das Leben des O und dieses ist bei lebensnaher, verständiger Auslegung des Sachverhaltes auch gefährdet. Da diese Gefahr auch gerade andauert, ist die Gefahr auch gegenwärtig.

Weiter setzt § 34 einen erforderlichen Eingriff in ein fremdes Rechtsgut voraus. Da es sich lt. Sachverhalt bei dem Krankenhaus um eine Privatklinik handelt, kann die umstrittene Frage, ob § 34 auch hoheitliche Eingriffe zu rechtfertigen vermag, hier dahinstehen. Die Erforderlichkeit des Eingriffs ist gegeben, wenn dieser geeignet war und das mildeste der geeigneten Mittel darstellte. Da O durch die Bluttransfusion gerettet werden konnte und das erforderliche Blut auf anderem Wege nicht zu beschaffen war, liegen diese Voraussetzungen ebenfalls vor.

Schließlich erfordert § 34 eine umfassende Abwägung der kollidierenden Interessen. Betrachtet man zunächst nur die kollidierenden Rechtsgüter, so stünde das Leben des O gegen die körperliche Integrität des P. Da das Leben gegenüber der relativ geringfügigen Beeinträchtigung der körperlichen Integrität des P erheblich höherwertig ist, käme man bei dieser Verhältnismäßigkeit zu einem wesentlichen Überwiegen und damit zur Rechtfertigung nach § 34.

Anerkannt ist jedoch, daß nicht allein die Wertigkeit der betroffenen Rechtsgüter über die Verhältnismäßigkeit bei § 34 zu entscheiden vermag, sondern nur eine umfassende Interessenabwägung.

Nach Satz 2 des § 34 ist vor allem zu fordern, daß die Tat ein angemessenes Mittel zur Abwendung der Gefahr ist. Insoweit muß man überlegen, ob es vertretbar ist, zu verlangen, daß derjenige, der eine seltene Blutgruppe aufweist, verpflichtet sein kann, stets und überall Eingriffe in seinen Körper zuzulassen, um sein Blut anderen Menschen zur Verfügung zu stellen. Man würde so quasi eine Sozialpflichtigkeit des Körpers normieren, dieser Mensch würde zum "wandelnden, lebenden Blutmagazin". Angesichts dieser Konsequenzen ist es gut vertretbar, die Angemessenheit zu verneinen.

Ob damit, wie z.T. behauptet wird, die Verhältnismäßigkeit i.S.d. des § 34 entfällt, oder ob die Angemessenheit ein selbständiges Prüfungskriterium im Rahmen des § 34 darstellt, kann hier dahinstehen, da jedenfalls eine Rechtfertigung aus Notstand nach § 34 nicht gegeben ist.

Da andere Rechtfertigungsgründe nicht ersichtlich sind, hat A rechtswidrig gehandelt. Da Hinweise auf Entschuldigungsgründe fehlen und ein Verbotsirrtum angesichts der beruflichen Stellung des A (Arzt) wegen Vermeidbarkeit jedenfalls nicht zum Entfallen der Schuld führt, hat er auch schuldhaft gehandelt.

Dieser Irrtum soll hier nicht näher besprochen werden, da der Irrtum erst im 6. Kapitel behandelt wird. In einer Klausur wäre er dann ausführlicher als oben zu erörtern.

Folglich hat sich A wegen einer Körperverletzung gem. § 223 strafbar gemacht.

II. A könnte sich wegen gefährlicher Körperverletzung gem. § 224 strafbar gemacht haben, indem er P Blut abnahm. In Betracht kommt hier ein Fall des Abs.1 Nr.2.

Dann müßte die Körperverletzung mittels eines gefährlichen Werkzeuges vorgenommen worden sein. Die Körperverletzung durch den Einstich mit der Nadel wurde mit einer Kanüle ausgeführt. Diese ist bei der konkreten Art ihrer Anwendung, nämlich einer kunstgerechten Blutabnahme, nicht dazu geeignet, erhebliche Verletzungen herbeizuführen. Damit war die Kanüle kein gefährliches Werkzeug. Da sie darüber hinaus auch keine Waffe im technischen Sinne war, entfällt der objektive Tatbestand des § 224. A hat sich folglich nicht gem. § 224 strafbar gemacht.

§§§§ §§§§ §§§§ §§§

Rechtfertigung aus § 228 BGB

§ 228 BGB erfaßt die **Abwehr von Sachgefahren**, also von solchen Gefahren, die von der Sache, in die eingegriffen wird, ausgehen. Dementsprechend sind die

Voraussetzungen des § 228

> 1. **Gefahr für ein beliebiges Rechtsgut**
> 2. **Gegenwärtigkeit der Gefahr**
> 3. **Gefahr geht von einer Sache aus**
> 4. **Eingriff in die Sache, von der die Gefahr ausgeht**
> 5. **Erforderlichkeit des Eingriffs in die Sache.**
> 6. **Wahrung des Gebots der Verhältnismäßigkeit**

Da § 228 BGB einen **Eingriff in die gefährdende Sache** voraussetzt, bezeichnet man diesen Notstand als **defensiven Notstand**.

Erforderlichkeit setzt wie bei §§ 32, 34 die Eignung des Mittels und die Wahl des relativ mildesten der gleichwertigen Mittel voraus.

Das **Gebot der Verhältnismäßigkeit** ist gewahrt, wenn der durch die Abwehr angerichtete Schaden nicht außer Verhältnis zum abgewendeten Schaden steht. Damit darf bei § 228 BGB - im Gegensatz zu § 904 BGB, siehe unten - der angerichtete Schaden zwar größer als der abgewendete Schaden, jedoch nicht beliebig groß sein.

Für die **Gegenwärtigkeit** siehe oben bei § 34.

Rechtfertigung gem. § 904 BGB

Der Notstand gem § 904 BGB wird auch **"Aggressiv"-Notstand** genannt. Er normiert die Pflicht des Eigentümers einer Sache, Eingriffe in sein Eigentum zu dulden. § 904 hat als Rechtfertigungsgrund stets dort Bedeutung, wo es um einen **Eingriff in unbeteiligte Sachen** geht, da § 904 BGB nicht voraussetzt, daß von dieser Sache eine Gefahr ausgeht. Beschränkt ist dieser Rechtfertigungsgrund jedoch allein auf die Rechtfertigung von Eingriffen in unbeteiligtes Eigentum.

---

1. Gegenwärtige Gefahr für ein Rechtsgut
2. Eingriff in unbeteiligtes fremdes Eigentum
3. Erforderlichkeit
4. Verhältnismäßigkeit

Erforderlichkeit bedeutet auch hier, daß das eingesetzte Mittel zur Schadensabwendung geeignet war und das mildeste aller geeigneten Mittel darstellte.

Das **Gebot der Verhältnismäßigkeit** fordert, daß der drohende Schaden gegenüber dem Schaden, der dem Eigentümer entsteht, unverhältnismäßig groß ist. Mit anderen Worten: Es reicht hier, anders als bei § 34, nicht schon ein wesentliches Überwiegen des zu rettenden Interesses aus, sondern der abgewendete muß gegenüber dem entstehenden Schaden unverhältnismäßig groß sein.

Betrachtet man nun diese vier (wichtigsten) Rechtfertigungsgründe, §§ 32, 34, 904 BGB, § 228 BGB, so ergibt sich hinsichtlich der Verhältnismäßigkeit folgendes Bild:

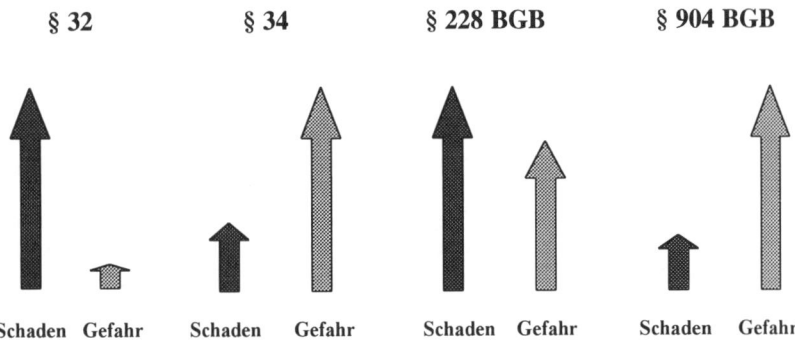

| § 32 | § 34 | § 228 BGB | § 904 BGB |

Schaden Gefahr Schaden Gefahr Schaden Gefahr Schaden Gefahr

Fall 10:
A und B trinken gemeinsam in der Eckkneipe. Sie geraten in Streit und der körperlich weit kräftigere A beginnt auf B einzuschlagen. Dieser zieht sich zunächst zurück, weiß sich aber, in einer Ecke ohne Ausweg angekommen, keinen anderen Rat, als einen Bierkrug zu ergreifen und damit den A kampfunfähig zu schlagen. Der Krug geht dabei zu Bruch. - Strafbarkeit des B?

Lösungsvorschlag

I. B könnte sich gem. § 223 strafbar gemacht haben, indem er A kampfunfähig schlug. Er hat durch seinen Schlag das körperliche Wohlbefinden des A nicht ganz unerheblich beeinträchtigt, ihn also körperlich mißhandelt.

Vgl. zur Definition der Körperverletzung: Schönke/Schröder/Eser, § 223, 3 ff. Ob darüber hinaus auch eine Gesundheitsbeschädigung vorliegt, ist fraglich. Unter Gesundheitsbeschädigung versteht man jeden pathologischen Zustand. Ob man einen solchen hier annehmen kann, ist durch lebensnahe Auslegung des Sachverhaltes - "kampfunfähig" - zu ermitteln.

Da dies auch das Ziel des B war - nur so konnte er die Attacke des A abwehren - handelte B mit dolus directus 1.Grades, also vorsätzlich. Damit ist der Tatbestand erfüllt.

Also hätte B auch rechtswidrig gehandelt, es sei denn, es griffen Rechtfertigungsgründe ein. In Betracht kommt hier Notwehr gem. § 32.

Das Schlagen des A stellt eine Beeinträchtigung des Rechtsguts der körperlichen Unversehrtheit durch einen anderen Menschen, also einen Angriff dar. Dieser dauert noch an, ist also gegenwärtig. Da Rechtfertigungsgründe für das Verhalten des A nicht ersichtlich sind, ist der Angriff auch rechtswidrig. Eine Notwehrlage ist mithin gegeben.

Das Verhalten des B war gegen den Angreifer gerichtet, also liegt eine Verteidigungshandlung vor. Diese beendete zudem den Angriff sofort und endgültig, war demnach zur Verteidigung geeignet. Ein milderes Mittel zur gleichwirksamen Verteidigung ist nicht ersichtlich, so daß die Verteidigung des B auch erforderlich war. Da B außerdem Verteidigungswillen besaß, liegen die Voraussetzungen des § 32 vor, so daß B durch Notwehr gegenüber A gerechtfertigt war. B hat sich somit nicht gem. § 223 strafbar gemacht.

II. B könnte sich gem. § 303 strafbar gemacht haben, indem er den Krug des Gastwirtes G zerschlug.

Der Krug ist ein körperlicher Gegenstand, also eine Sache, die dem G gehört, somit für B fremd war. Diese Sache hat B auch zerstört, da der Krug laut Sachverhalt "zu Bruch ging". Da B dies zumindest für möglich gehalten und billigend in Kauf genommen haben wird, handelte er auch vorsätzlich.

Der Tatbestand des § 303 ist damit erfüllt.

Damit hätte B auch rechtswidrig gehandelt, es sei denn, es griffen Rechtfertigungsgründe ein. Da vom Krug keine Gefahr ausging und die Notwehr nur Eingriffe in die Gefahrenquelle rechtfertigt, scheidet § 32 schon deshalb aus.

Eine Rechtfertigung könnte sich jedoch aus § 904 ergeben. Die Notstandslage erfordert eine gegenwärtige Gefahr für ein Rechtsgut. Hier ist die Gesundheit des B, ein Rechtsgut, durch die Feindseligkeiten des A in gegenwärtige Gefahr geraten. Die Notstandslage ist somit gegeben.

Die Notstandshandlung setzt zunächst den Eingriff in fremdes Eigentum voraus. Da der Krug dem G gehört, ist dieser für B fremdes Eigentum.

Weiter ist die Erforderlichkeit des Eingriffs notwendige Voraussetzung für § 904. Der Schlag mit dem Krug und dessen daraus folgende Zerstörung haben die Gefahr dauerhaft abgewendet, so daß der Eingriff geeignet war. Andere gleichwirksame, aber mildere Abwehrmöglichkeiten sind nicht ersichtlich, so daß B auch das relativ mildeste Mittel wählte. Die Erforderlichkeit ist mithin gegeben.

Schließlich steht § 904 unter dem Gebot der Verhältnismäßigkeit, es muß der abgewendete Schaden gegenüber dem entstehenden Schaden unverhältnismäßig groß sein.
Dem B drohten Körperverletzungen, die aufgrund der bestehenden kräftemäßigen Überlegenheit des A auch erheblichen Umfang hätten annehmen können. Dagegen steht die Zerstörung einer wenige DM kostenden Sache, des Bierkruges. Daraus ergibt sich eine Höherwertigkeit des verteidigten Gutes, die als unverhältnismäßig anzusehen ist. Folglich liegt Verhältnismäßigkeit i.S.d. § 904 BGB vor.

Da B auch zur Verteidigung handelte, liegt auch das subj. Rechtfertigungselement vor. Sein Verhalten ist daher aus § 904 BGB gerechtfertigt.

B hat sich folglich nicht gem. § 303 strafbar gemacht.

§§§§§§§§§§§ §§§§ §§§§ §§§§ §§§§§ §

Fall 11:

Das scheuende Rassepferd des A läuft unkontrolliert durch die Gassen des Ortes. Es hat bereits mehrere Fahrzeuge erheblich beschädigt, als es Kurs auf die Luxuskarosse des X nimmt. X weiß keinen anderen Rat, als das Tier zu erschießen, als es sich gerade anschickt, auf die Kühlerhaube seines Wagens zu springen. Strafbarkeit des X?
Hinweis: Es sind nur Vorschriften des Strafgesetzbuches zu prüfen!

Lösungsvorschlag

X könnte sich gem. § 303 strafbar gemacht haben, indem er das Pferd erschoß.

Dann müßte das Pferd eine Sache sein. Gem. § 90a BGB sind Tiere keine Sachen. Die Vorschriften über Sachen sind jedoch auf Tiere entsprechend anwendbar, wenn dem, keine gesetzlichen Vorschriften entgegenstehen. Dies ist hier nicht ersichtlich, daher ist hier das Pferd als Sache i.S.d. § 303 anzusehen. Da es dem A gehört, ist es für X auch fremd. Da X das Pferd tötete, hat er die Sache auch zerstört.

X wird diesen tatbestandsmäßigen Erfolg zumindest für möglich gehalten haben, so daß er auch vorsätzlich handelte. Der Tatbestand ist mithin erfüllt.
Das Verhalten des X wäre damit auch rechtswidrig, wenn nicht Rechtfertigungsgründe zu seinen Gunsten eingriffen.

§ 32 setzt einen Angriff, also eine durch Menschen drohende Rechtsgutverletzung, voraus, woran es bei einer Tierattacke fehlt.

In Betracht kommt jedoch eine Rechtfertigung aus § 228 BGB. Da Eigentum und Besitz am Fahrzeug des X durch das zum Sprung ansetzende Pferd unmittelbar bedroht sind und diese Bedrohung von der Sache, nämlich dem Pferd, ausgeht, liegt eine Notstandslage i.S.d. § 228 BGB vor.

Mit dem Schuß auf das Pferd greift X in die Sache ein, von der die Gefahr ausgeht. Da dem Sachverhalt nicht zu entnehmen ist, daß X andere, relativ mildere Mittel zur Verfügung gehabt hätte, den Angriff ebenso nachhaltig abzuwehren, ist davon auszugehen, daß seine Eingriffshandlung auch erforderlich war.

Schließlich ist jedoch auch noch Verhältnismäßigkeit der Abwehrhandlung notwendig. Der durch die Tötung des Pferdes angerichtete Schaden darf nach § 228 auch größer sein als der Wert des geretteten Gutes, nur darf er nicht außer jeden Verhältnisses dazu stehen. Hier steht der Wert des Rassepferdes einerseits gegen den Wert der Luxuskarosse andererseits. Da dem Sachverhalt konkrete Erwägungen insoweit fehlen, kann man nur von allgemeinen Erwägungen ausgehen.

Sowohl ein Rassepferd wie eine Luxuskarosse stellen ganz erhebliche Vermögenswerte dar. Man wird aber ohne weiteren Hinweis nicht annehmen können, daß das Rassepferd soviel mehr wert war als die Luxuskarosse, daß eine unverhältnismäßige Wertdifferenz bestand. Damit mag der angerichtete Schaden zwar größer als der abgewendete sein, doch steht er nicht in einem derartigen Mißverhältnis, daß er als unverhältnismäßig anzusehen wäre. Verhältnismäßigkeit i.S.d. § 228 ist somit gegeben.

Da sich X auch verteidigen wollte, also Verteidigungswillen hatte, liegt auch das subjektive Rechtfertigungselement vor, so daß er gem. § 228 gerechtfertigt handelte.

Er hat sich somit nicht gem. § 303 strafbar gemacht.

Nicht vertretbar wäre es, hier vor § 228 BGB den § 34 zu prüfen. Im Rahmen der dortigen Verhältnismäßigkeitsprüfung wäre jedoch erforderlich, daß der Wert der Luxuskarosse den des Rassepferdes wesentlich überwiegt. Dies läßt sich dem Sachverhalt nicht ohne weiteres entnehmen, so daß § 34 an dieser Verhältnismäßigkeitsklausel scheitern müßte.

§§§§§ §§§§ §§§§ §§§§ §§§§ §§§§ §§§

Bei allen Sachgefahren, insbesondere bei Tierangriffen, hat man stets zu prüfen, ob die Gefahr durch die Sache selbst verursacht wird, oder aber ob sie nicht vielmehr durch die Einwirkung eines Menschen auf die Sache entsteht. Ist letzteres der Fall, so liegt keine Sachgefahr vor, sondern vielmehr der Angriff eines Menschen. Die Sache, z. B. der gehetzte Hund, dient dann quasi nur als "verlängerter Arm" des angreifenden Menschen. Gegen derartige Angriffe ist - die anderen Voraussetzungen einmal unterstellt - Notwehr gem. § 32 zu prüfen, mangels Sachgefahr scheidet § 228 BGB hingegen aus. In der Fallbearbeitung ist diese Frage unter dem Merkmal "Angriff" bei § 32 zu behandeln.

Die rechtfertigende Einwilligung

Die Einwilligung wird überwiegend (noch) als Rechtfertigungsgrund anerkannt.
Eine im Vordringen befindliche Gegenansicht meint, daß es in Fällen der Einwilligung stets an einer Rechtsgutsverletzung und damit schon am Tatbestand der jeweils betroffenen Strafvorschrift fehle. Vgl. z. B. Schmidhäuser, Engisch-Festschrift, S. 433, 452 oder Roxin, AT, § 13 Rn.12ff.

> **Die Einwilligung ist vom tatbestandsausschließenden Einverständnis zu unterscheiden!**

> **Unter einem Einverständnis versteht man eine Zustimmung zur Rechtsgutbeeinträchtigung, die schon den Tatbestand ausschließt**

Ein Einverständnis kommt in Fällen in Betracht, in denen der Tatbestand selbst bereits ein Handeln gegen den Willen des Rechtsgutinhabers voraussetzt.

Bsp.: Der Diebstahl setzt bei der Wegnahme den Bruch fremden Gewahrsams voraus. Unter Gewahrsamsbruch ist eine Gewahrsamsaufhebung gegen oder ohne den Willen des Berechtigten zu fassen. Stimmt der Berechtigte zu (Einverständnis), so fehlt es nach dieser Definition bereits am Merkmal "Bruch", so daß keine Wegnahme vorliegt, somit schon der Tatbestand des § 242, Diebstahl, nicht erfüllt ist.

Da das Einverständnis **rein tatsächlicher Natur** ist, hängt die Wirksamkeit nicht von der Geschäftsfähigkeit des Zustimmenden ab, sondern es reicht allein dessen Einsichtsfähigkeit in die Bedeutung und Tragweite seines Handelns aus.

Das Einverständnis liegt bereits bei bloßer innerer Zustimmung vor, es braucht nicht nach außen erkennbar erklärt zu werden.

Demgegenüber beschreibt die **Einwilligung** die Zustimmung zur Rechtsgutbeeinträchtigung, die nicht schon den Tatbestand, sondern erst die **Rechtswidrigkeit** **ausschließt**. Nur diese Fälle können daher im Bereich der Rechtfertigung einschlägig sein.

Zu ihrer Wirksamkeit setzt die Einwilligung im einzelnen voraus:

> 1. **Einwilligender ist Rechtsgutinhaber**
> 2. **Einwilligender ist dispositionsbefugt**
> 3. **Einwilligungsfähigkeit**
> 4. **Einwilligungserklärung vor der Tat**
> 5. **Einwilligung ist frei von Willensmängeln**
> 6. **Handeln in Kenntnis der Einwilligung**

Die Voraussetzungen im einzelnen

Der Einwilligende muß **alleiniger Träger des Rechtsgutes** sein. Ggf. müssen alle Rechtsgutträger einwilligen, z.b. bei gemeinschaftlichem Vermögen.

Der Einwilligende muß als Inhaber des Rechtsgutes **zur Disposition darüber befugt** sein. Das kann nur bei Individualrechtsgütern der Fall sein, z.b. bei Körperverletzungsdelikten, Eigentumsdelikten, Vermögensdelikten, Beleidigungsdelikten usw. Sind Rechtsgüter der Allgemeinheit betroffen, so scheidet eine Einwilligung aus, z.b. bei gemeingefährlichen Delikten, Eidesdelikten usw. Dies gilt auch dann, wenn der Tatbestand sowohl Rechtsgüter der Allgemeinheit wie Individualrechtsgüter schützt.

Das Leben, obwohl Individualrechtsgut, ist dem Rechtsgutträger nicht zur Disposition überlassen, daher ist eine Einwilligung in eine Tötung für den Täter (teilweise) unbeachtlich. Dies ergibt sich aus der Strafvorschrift des § 216. Die Einwilligung in Körperverletzungen unterliegt Schranken, die sich aus § 228 ergeben.

Der Einwilligende muß **einwilligungsfähig** sein. Überwiegend wird darunter wie beim Einverständnis die bloße Einsichts-und Urteilsfähigkeit verstanden.

So z.B. BGH NJW 1969, 1582; Wessels-Beulke, AT, Rn. 374 m.w.N.).
Andere meinen, man müsse differenzieren. Gehe es um die Einwilligung bei Eigentums- und Vermögensdelikten, so komme es auf die Geschäftsfähigkeit i.S.d. §§ 104 ff BGB an, sonst sei auf die Einsichts- und Urteilsfähigkeit abzustellen.
So z.B. Sch-Sch-Lenckner, Vor. § 32, 39.

Die Einwilligung muß **ausdrücklich oder konkludent erklärt** werden, also nach außen erkennbar zu Tage getreten sein. Ein Zugang im zivilrechtlichen Sinne ist aber nicht erforderlich.

Die Einwilligung muß **vor der Tat** erklärt werden und z.Z. der Rechtsgutbeeinträchtigung noch bestehen. Die Einwilligung kann widerrufen werden. Eine nachträgliche Zustimmung ist bedeutungslos.

Schließlich muß die **Einwilligung frei von Willensmängeln** erklärt sein. Während teilweise alle Willensmängel, die durch Drohung, arglistige Täuschung, Inhalts- oder Erklärungsirrtum zustande gekommen sind, als beachtlich angesehen werden, meinen andere, nur rechtsgutbezogene Willensmängel könnten der Wirksamkeit einer Einwilligung entgegen stehen. Rechtsgutbezogene Willensmängel sind solche, bei denen der Einwilligende Art, Umfang und Folge der Rechtsgutsverletzung verkennt und sich daher über die Tragweite seines Handelns nicht im klaren ist.

Vgl. dazu im einzelnen: Sch-Sch-Lenckner, Vor § 32, 46 ff; aber auch Hirsch LK, Vor § 32, 119 m.w.N.

Subjektiv ist ein **Handeln des Täters in Kenntnis** und aufgrund der Einwilligung erforderlich (subj. Rechtfertigungselement).

Für den Bereich der Körperverletzung ist endlich noch § 228 zu beachten: Die Einwilligung ist danach ohne Bedeutung, wenn die betreffende Tat (also nicht die Einwilligung!) gegen die guten Sitten verstößt. Ob dieser Grundsatz des § 228 auch außerhalb der Körperverletzungsdelikte Geltung hat, ist umstritten. Zu Recht wird dies überwiegend abgelehnt.

Fall 12:

Der vergeistigte Jura-Student J hat die Tür von seinem Auto verriegelt und zugeschlagen - der Schlüssel steckt im Zündschloß. Der hilfsbereite Kommilitone K begutachtet die Sache und meint, er müsse die Scheibe einschlagen. J nickt, K schlägt die Seitenscheibe ein und öffnet das Fahrzeug. Der undankbare J zeigt K wegen Sachbeschädigung an. - Strafbarkeit des K?

Lösungsvorschlag

K könnte sich wegen Sachbeschädigung gem. § 303 strafbar gemacht haben, indem er die Seitenscheibe des Autos einschlug.

Das Auto ist als körperlicher Gegenstand i.S.d. § 90 BGB eine Sache, die dem J gehört, also für K fremd war. Diese hat K mit dem Zerschlagen der Scheibe auch beschädigt. Der objektive Tatbestand ist somit erfüllt.

Da K diesen Erfolg auch herbeiführen wollte, handelte er vorsätzlich.

Damit hätte K auch rechtswidrig gehandelt, es sei denn, es griffe ein Rechtfertigungsgrund ein. In Betracht käme hier eine rechtfertigende Einwilligung durch J. Der J ist Eigentümer des Wagens und daher als Rechtsgutinhaber zur Disposition über dieses Individualrechtsgut befugt. Hinweise auf fehlende Einwilligungsfähigkeit liegen nicht vor. Fraglich ist aber, ob er die Einwilligung auch erklärt hat. Dazu müßte er dies in äußerlich erkennbarer Weise kundgetan worden sein. Der J hat lediglich genickt. Da dieses Nicken jedoch auf das Bemerken des K erfolgte, kann diesem Verhalten nur der Erklärungswert beigelegt werden, daß er mit einem Einschlagen der Scheibe einverstanden war. Folglich hat J konkludent seine Einwilligung erklärt.

Dies ist auch vor der Tat geschehen, Hinweise auf Willensmängel bei J liegen nicht vor und der Täter hat in Kenntnis dieser Einwilligung gehandelt, so daß alle Voraussetzungen für eine wirksame rechtfertigende Einwilligung gegeben sind.

Für einen Ausschluß der Einwilligung nach § 228 ist hier schon deshalb kein Raum, weil eine derartige Sachbeschädigung nicht gegen die guten Sitten verstößt, so daß es auf den Streit, ob § 228 auch außerhalb der Körperverletzungsdelikte Geltung hat, hier nicht ankommt. Folglich handelte K gerechtfertigt, als er die Scheibe einschlug.

Er hat sich somit nicht gem. § 303 strafbar gemacht.

§§§§§§§ §§§§ §§§§ §

Die mußmaßliche Einwilligung

Die mutmaßliche Einwilligung ist ebenso wie die vorstehend behandelte rechtfertigende Einwilligung nicht ausdrücklich im Gesetz geregelt. Sie erfaßt einmal Fälle, in denen die Zustimmung des Betroffenen nicht eingeholt werden kann, aber die Sachlage den Schluß zuläßt, daß er sie bei deren Kenntnis erteilt haben würde. Zum anderen gehören hierher jene Fälle, in denen es zwar möglich wäre, die Einwilligung einzuholen, aber ohne weiteres davon ausgegangen werden kann, daß der Betroffene an der Wahrung seines Rechtsgutes kein Interesse haben dürfte.

Die **erste Fallgruppe, Handeln im überwiegenden Interesse des Verletzten**, setzt also zweierlei voraus:

> 1. Täter bewahrt höherwertiges Interesse
> 2. Stellungnahme des Opfers nicht rechtzeitig einholbar

Der Täter muß durch seine das Opfer verletzende Tat zugleich ein **höherwertiges Interesse des Opfers** erhalten. Dabei kann es sich um ein und dasselbe Rechtsgut handeln (z.B. geringfügige Beschädigung einer Sache, um deren vollständige Zerstörung zu verhindern) oder aber, der Eingriff erfolgt in ein Rechtsgut, um ein anderes, höherwertiges Rechtsgut zu retten, wobei sich beide als Rechtsgüter des Opfers darstellen müssen.

Die **zweite Fallgruppe** beschreibt Fälle des **offensichtlich weichenden Interesses**, die folgendes voraussetzen:

> 1. **Der Täter handelt ohne Einwilligung**
> 2. **Er hätte Einwilligung einholen können**
> 3. **Der Täter handelt nicht im Interesse des Betroffenen**
> 4. **Es ist anzunehmen, daß der Betroffene in diesem Fall kein Interesse an der Erhaltung seines Rechtsgüterschutzes hat**

Diese Fallgruppe soll namentlich die Fälle des Geldwechselns aus fremder Kasse erfassen.

Bsp.: A nimmt fünf 1-DM-Stücke aus der Kasse und legt ein 5-DM-Stück dafür hinein.

Hinweis: Eine Rechtfertigung aus mußmaßlicher Einwilligung scheidet stets dann aus, wenn ein entgegenstehender Wille des Rechtsgutinhabers erkennbar ist!

Fall 13:

Der Hauseigentümer E ist verreist. Der Schlauch an seiner Waschmaschine platzt. Nachbar N schaut zufällig durch das Fenster in das Haus des E und sieht das Wasser auslaufen. Um weitere Schäden am Haus des E zu vermeiden, bricht N die Tür auf und stellt das Wasser ab. - Strafbarkeit des N?

Lösungsvorschlag

N könnte sich gem. § 303 strafbar gemacht haben, indem er die Tür im Hause des E aufbrach.

Das Haus, eine Sache, stand im Eigentum des E, war folglich für N fremd. Bei lebensnaher Auslegung des Sachverhaltes kann davon ausgegangen werden, daß die Tür bei deren Aufbruch beschädigt wurde. Damit ist der objektive Tatbestand des § 303 erfüllt. Da N diesen Erfolg vermutlich auch für möglich gehalten haben und ggf. damit einverstanden gewesen sein wird, handelte N auch vorsätzlich.

Damit hätte N auch rechtswidrig gehandelt, es sei denn, es griffen Rechtfertigungsgründe ein. In Betracht käme hier eine Rechtfertigung aus dem gesetzlich nicht geregelten Institut der mußmaßlichen Einwilligung. Hier könnte deren eine Fallgruppe, Handeln im überwiegenden Interesse des Verletzten, eingreifen.

Dies setzt zunächst voraus, daß der Täter durch seine Tat die Rechtsgüter des Opfers verletzt und zugleich ein höherwertiges Interesse des Opfers wahrt. Durch sein Verhalten hat N das Eigentum des E geschädigt. Da er jedoch in der

Lage war, das ablaufende Wasser abzustellen, verhinderte er gleichzeitig einen erheblichen Wasserschaden und wahrte somit ein Interesse des E, das Eigentum. Da der drohende Wasserschaden von erheblich größerem Gewicht war als die relativ geringfügige Beschädigung der Tür, war das gerettete Interesse auch höherwertig.

Weiter ist erforderlich, daß eine Stellungnahme des Verletzten nicht rechtzeitig einzuholen war. Da E verreist war und der Sachverhalt keinen Hinweis darauf gibt, daß man ihn hätte z.B.telefonisch erreichen können, ist auch diese Voraussetzung erfüllt.

Da der Sachverhalt keine gegenteiligen Angaben enthält, muß auch davon ausgegangen werden, daß N in Kenntnis dieser Umstände zur Rettung der Rechtsgüter des E handelte. Also ist auch das subjektive Rechtfertigungselement gegeben. Somit liegen alle Voraussetzungen für eine wirksame mutmaßliche Einwilligung vor. Folglich handelte N nicht rechtswidrig. Demnach hat sich N nicht gem. § 303 strafbar gemacht.

§§§§§ §§§§ §§§§ §§§§ §§§§ §§§§

Weitere Rechtfertigungsgründe im Überblick

Die rechtfertigende Pflichtenkollision

➡ sie wird im Rahmen der Unterlassungsdelikte behandelt.

Die Wahrnehmung berechtigter Interessen, § 193

➡ wird im Rahmen der Beleidigungsdelikte behandelt.

Das Festnahmerecht nach § 127 I S.1 StPO

Diese Vorschrift gewährt jedermann das Recht, unter bestimmten Voraussetzungen einen Täter vorläufig festzunehmen. Voraussetzungen dafür sind:
- der Täter muß **auf frischer Tat betroffen** oder verfolgt worden sein
- es muß **Fluchtgefahr** bestehen oder seine **Persönlichkeit nicht sofort feststellbar**.

Im Gegensatz zum **Festnahmerecht des Abs.2**, das für **Polizeibeamte** etc. gilt, muß die in Frage stehende Tat im Falle des Abs.1 tatsächlich begangen bzw. versucht worden sein (sofern der Versuch strafbar ist!). Ein bloßer Verdacht, mag er auch begründet sein, genügt für Abs.1 nicht.

Beim dienstlichen Befehl ist zu unterscheiden, ob dieser **rechtswidrig** oder **rechtmäßig** war. Der **rechtmäßige Befehl** soll grundsätzlich rechtfertigend wirken, es sei denn, der Befehlsempfänger erkennt, daß die Voraussetzungen für die Erteilung des Befehls tatsächlich nicht gegeben waren. In diesen Fällen kommt jedoch eine Entschuldigung des Untergebenen in Betracht. Ob dagegen der **rechtswidrige Befehl** rechtfertigend wirkt, ist umstritten.

Nach einer Ansicht die Handlung des Untergebenen nicht rechtfertigen können. Er habe lediglich entschuldigende Wirkung. Nach anderer Ansicht ist zu unterscheiden, ob die auf Befehl auszuführende Handlung den Tatbestand eines Strafgesetzes verwirklicht - dann keine rechtfertigende Wirkung - oder ob es sich um eine bloße Ordnungswidrigkeit handelt - dann sei die rechtfertigende Wirkung gegeben.

Vgl. zum insgesamt noch nicht abschließend geklärten und stark umstrittenen Problem des Handelns auf dienstliche Weisung: Sch-Sch-Lenckner, Vor § 32, 87 ff.

Hier werden schädigende Verhaltensweisen erfaßt, die aufgrund einer Tätigkeit entstehen, die sozial oder wirtschaftlich bedeutsam und erlaubt ist.

Bsp.: Einsatz von Polizei und Feuerwehr, Betrieb gefährlicher Anlagen usw.

Voraussetzung für eine Rechtfertigung ist, daß die jeweiligen vorgeschriebenen oder üblichen Sicherheitsregelungen beachtet worden sind. Umstritten beim erlaubten Risiko ist die dogmatische Einordnung als Rechtfertigungsgrund und die Begründung dieser Figur.

Das sog. **sozial-adäquate Verhalten** wird teilweise als ein Unterfall des erlaubten Risikos, teilweise als selbständiger Rechtfertigungsgrund und als lediglich den Tatbestand einschränkendes Element angesehen.

1. Wie hängen Tatbestand und Rechtswidrigkeit zusammen?

Ist der Tatbestand erfüllt, so ist ein Verhalten grundsätzlich auch rechtswidrig (Indizwirkung des Tatbestandes)

2. Wie formuliert man diesen Übergang?

Z.B.: "Damit hätte X auch rechtswidrig gehandelt, es sei denn, es griffen Rechtfertigungsgründe ein".

3. Nennen Sie die objektiven Tatbestandsmerkmale der Notwehr

Angriff, Gegenwärtigkeit des Angriffs, Rechtswidrigkeit des Angriffs, Erforderlichkeit

4. Was setzt Notwehr subjektiv voraus?

Einen Verteidigungswillen

5. Was ist ein Angriff?

Jede von einem Menschen drohende Rechtsgutverletzung

6. Wie sind "Angriffe" von Tieren zu beurteilen?

Da Tiere gem. § 90a BGB wie Sachen einzuordnen sind, handelt es sich um Sachgefahren, mithin nicht um Angriffe

7. Wann liegt in diesen Fällen ausnahmsweise dennoch ein Angriff vor?

Wenn das Tier von Menschen gehetzt, also als deren Werkzeug eingesetzt wird

8. Welche Rechtsgüter sind notwehrfähig?

Alle Individualrechtsgüter, Rechtsgüter der Allgemeinheit und des Staates

9. Was besagt das Erfordernis der Gegenwärtigkeit?

Der Angriff muß unmittelbar bevorstehen, gerade andauern oder noch nicht abgeschlossen sein

10. Wann liegt Rechtswidrigkeit des Angriffs vor?

Wenn das Verhalten des Angreifers gegen die Rechtsordnung verstößt.

11. Was setzt Erforderlichkeit voraus?

Geeignetheit und relativ mildestes Mittel

12. Wann ist Geeignetheit gegeben?

Wenn die Verteidigungshandlung eine endgültige und sofortige Abwendung des Angriffs bewirken konnte

13. Wann ist das relativ mildeste Mittel gewählt?

Wenn der Notwehrübende unter allen gleichgeeigneten Mitteln das mildeste, d.h. das für den Angreifer schonendste, gewählt hat.

14. Welcher Grundsatz findet im Rahmen der Notwehrprüfung keine Beachtung?

Die Verhältnismäßigkeit zwischen angegriffenem und verteidigtem Rechtsgut

15. Wogegen darf die Notwehrhandlung sich nur richten?

Nur gegen Rechtsgüter das Angreifers nicht gegen die unbeteiligter Dritter

16. Was versteht man unter "Nothilfe"?

Die Abwendung eines Angriffes von einem anderen

17. Wann ist Nothilfe ausgeschlossen?

Wenn der andere konkludent oder ausdrücklich zu erkennen gegeben hat, er wolle den Angriff hinnehmen

18. Wie kann die Notwehr ausnahmsweise eingeschränkt werden?

Siehe dazu die Übersicht auf Seite 45ff

19. Was wird beim "krassen Mißverhältnis" in Relation gesetzt?

Das bewahrte Rechtsgut und das beschädigte oder vernichtete Rechtsgut

20. Was verlangt man beim Angriff von Kindern?

Ausweichen des Angegriffenen, sofern dieser nicht eigene wichtige Belange dabei verletzen muß

21. Wie löst man Fälle des Rechtsmißbrauchs?

Man schließt die Notwehr aus, da der Angegriffene hier nicht zur Verteidigung handele, sondern allein, um selbst anzugreifen

22. Was ist bei der Notwehrprovokation umstritten?

Die Begründung, weshalb hier das Notwehrrecht einzuschränken ist

23. Was setzt § 34 voraus?

Eine gegenwärtige Gefahr für ein rechtliches Interesse, Erforderlichkeit, Verhältnismäßigkeit und subjektiv einen Rettungswillen

24. Was versteht man unter Gefahr?

Lage, bei der der Eintritt eines Schadens naheliegt

25. Wann ist Verhältnismäßigkeit bei § 34 gegeben?

Wenn das geschützte Interesse das beeinträchtigte wesentlich überwiegt

26. Was wird z. T. als ungeschriebenes Tatbestandsmerkmal des § 34 gefordert?

Der Täter müsse die Notstandslage sorgfältig geprüft haben

27. Wie wird § 904 BGB auch bezeichnet?

Als aggressiver Notstand

28. Wie bezeichnet man § 228 BGB auch?

Als defensiven Notstand

29. Was regelt § 904 BGB?

Die Rechtfertigungsfrage bei Eingriffen in Rechtsgüter unbeteiligter Dritter. Erfaßt werden nur Eingriffe in fremdes Eigentum

30. Was regelt § 228 BGB?

Fälle, in denen die Gefahr von der Sache ausgeht, in die eingegriffen wird

31. Voraussetzungen des § 904 BGB?

Gefahr für ein beliebiges Rechtsgut, Gegenwärtigkeit dieser Gefahr, Erforderlichkeit dieses Eingriffs, Gegenstand des Eingriffs ist eine unbeteiligte Sache, Verhältnismäßigkeit

32. Voraussetzungen des § 228 BGB?

Gefahr für ein beliebiges Rechtsgut, Gefahr droht von der Sache, Erforderlichkeit und Verhältnismäßigkeit

33. Wie ist die Verhältnismäßigkeit bei § 904 BGB ausgestaltet?

Der abgewendete Schaden muß gegenüber dem angerichteten Schaden unverhältnismäßig groß sein

34. Wie ist die Verhältnismäßigkeit bei § 228 BGB ausgestaltet?

Der angerichtete Schaden darf gegenüber dem drohenden Schaden nicht außer jeden Verhältnisses stehen

35. Wovon ist die Einwilligung zu unterscheiden?	Vom Einverständnis
36. Was ist ein Einverständnis?	Zustimmung zur Rechtsgutbeeinträchtigung, die bereits den Tatbestand entfallen läßt
37. Wirkung des Einverständnisses?	Schließt bereits den Tatbestand, nicht erst die Rechtswidrigkeit aus
38. Was genügt beim Einverständnis im Gegensatz zur Einwilligung?	Bloße innere Zustimmung, es braucht anders als bei der Einwilligung keine nach außen erkennbare Erklärung vorzuliegen
39. Voraussetzung der Einwilligung?	Dispositionsbefugnis des Einwilligenden, Einwilligungsfähigkeit des Einwilligenden, erkennbare Erklärung der Einwilligung, Einwilligungserklärung vor der Tat, Einwilligung frei von Willensmängeln, subjektiv Handeln in Kenntnis der Einwilligung
40. Was ist bezüglich des Rechtsgutes Leben bei der Einwilligung zu merken?	Mangels Dispositionsbefugnis kommt dieser Einwilligung keine rechtfertigende Wirkung zu, Argument § 216
41. Ist bei der Einwilligung Geschäftsfähigkeit erforderlich?	Dies ist umstritten, überwiegend wird auf bloße Einsichtsfähigkeit abgestellt
42. Was ist bezüglich der Einwilligungserklärung notwendig?	Zugang im Sinne des BGB
43. Welche Willensmängel beeinflussen die Einwilligung?	Umstritten, teilweise: alle; andere: nur rechtsgutbezogene Willensmängel
44. Was ist bei § 228 umstritten?	Ob diese Vorschrift auch außerhalb der Körperverletzungsdelikte Geltung erlangt
45. Welche beiden Fallgruppen werden bei der mutmaßlichen Einwilligung unterschieden?	Handeln im überwiegenden Interesse des Verletzten; Fälle des offensichtlich weichenden Interesses
46. Was setzen die ersten Fälle voraus?	Rettung eines höherwertigen durch Beeinträchtigung eines minderwertigen Rechtsgutes, Stellungnahme des Opfers nicht rechtzeitig einzuholen
47. Was setzen die Fälle der zweiten Fallgruppe voraus?	Täter handelt ohne Einwilligung, die einholbar war; Täter handelt nicht im Interesse des Betroffenen; es ist anzunehmen, daß kein Interesse an der Erhaltung des Rechtsgüterschutzes bestand
48. Nennen Sie weitere Fälle von Rechtfertigungsgründen	Siehe dazu die Übersicht auf Seite 59f

5. Kapitel

Die Schuld

Allgemeines zur Schuld

Um an ein Verhalten Strafsanktionen knüpfen zu können, muß die rechtswidrige Tat auch schuldhaft verwirklicht sein, d.h., es muß dem Täter die Tat vorgeworfen werden können. In diesem Sinne bedeutet Schuld also **Vorwerfbarkeit**.

Die Schuld kann im Strafrecht außer im Sinne dieser sog. Strafbegründungsschuld auch im Sinne einer Strafzumessungsschuld - Schuld ist Anknüpfungstatbestand der Strafzumessung - vorkommen.

Vorwerfbarkeit bedeutet, daß der Täter rechtswidrig gehandelt hat, obwohl er nach seinen Fähigkeiten und unter den konkreten Umständen der Tat in der Lage war, sich von der im Tatbestand normierten Pflicht zu rechtmäßigem Verhalten leiten zu lassen.

Da nach dem Aufbau unseres Strafgesetzbuches mit dem tatbestandsmäßigen Unrecht grundsätzlich ein Indiz für die Schuld des Täters vorliegt, kann man in der Fallösung genauso wie bei der Rechtswidrigkeit stets davon ausgehen, daß der Täter, der rechtswidrig handelte, auch schuldhaft handelte. Nur ausnahmsweise kann die Schuld (z.B. bei Schuldunfähigkeit, unvermeidbarem Verbotsirrtum oder bei Vorliegen eines Entschuldigungsgrundes) entfallen.

 Zur Formulierung in der Fallbearbeitung gilt das bei der Rechtswidrigkeit Gesagte auch hier in entsprechender Weise.

Die **Schuldfähigkeit des Täters** ist grundsätzlich Voraussetzung für seine strafrechtliche Verantwortlichkeit. Das StGB regelt die Schuldfähigkeit in §§ 19 - 21. Sie soll die Fähigkeit des Menschen beschreiben, sich für das Recht und gegen das Unrecht zu entscheiden. § 19 enthält die unwiderlegliche Vermutung, daß Kinder bis zum 14. Lebensjahr diese Fähigkeit nicht besitzen.

Eingeschränkt ist die Schuldfähigkeit nach § 21, ausgeschlossen ist sie gem. § 20.

§ 20 nennt in seinem Tatbestand die Voraussetzungen, unter denen der Täter ohne Schuld handelt.

Für Klausuren an der Universität spielt § 20 keine übermäßig große Rolle. Er taucht namentlich in Fällen übermäßigen Alkoholgenusses, Drogengebrauchs oder Tablettenmißbrauches auf. Oftmals heißt es dann im Sachverhalt, *der Täter habe sich sinnlos betrunken* oder ähnliches. Dann hat man bei der Tatbestandsprüfung zu dem Ergebnis zu gelangen, daß die Schuld gem. § 20 entfällt.

Dieses Ergebnis ist jedoch nicht unproblematisch: man könnte sich nämlich so durch vorsätzliches Berauschen in den Zustand der Schuldunfähigkeit gem. § 20 versetzen und bliebe dann ohne Schuld, würde also nicht bestraft werden können. Um dieses Ergebnis zu vermeiden, hat der Gesetzgeber den § 323 a, den Vollrauschtatbestand, eingeführt. Rechtsprechung und Lehre haben außerdem das gesetzlich nicht geregelte Insitut der "actio libera in causa" entwickelt.

Die "actio libera in causa"

Ist der Täter bei Begehung der Tat schuldunfähig, so kann er strafrechtlich dennoch unter dem Gesichtspunkt der "actio libera in causa" (kurz alic genannt) verantwortlich sein. Der gedankliche Ansatz bei der alic ist, daß man nicht an die eigentlich rechtsgutverletzende Handlung anknüpft, denn diese ist ja gem. § 20 für die Anknüpfung von strafrechtlichen Sanktionen nicht geeignet. Vielmehr sucht man sich eine Handlung, durch die der Täter

die entscheidende Ursache im willensfreien Zustand gesetzt hat,

die sich dann aber in willensunfreiem Zustand ausgewirkt und zur vollen Verwirklichung des Tatbestandes geführt hat.

> **Bsp.:** A trinkt sich Mut an, um im Zustand des § 20 einen Totschlag zu begehen. Er führt die Tat aus. - Wegen der eigentlichen Tötungshandlung kann A gem. § 20 nicht zur Verantwortung gezogen werden.

Nach dem Grundsatz der "actio libera in causa" ist für die Frage nach strafrechtlicher Verantwortung an das Betrinken anzuknüpfen, da dies die Handlung war, die noch in willensfreiem Zustand den gesamten Geschehensablauf in Gang setzte, der dann schließlich zur Verwirklichung des Totschlagstatbestandes führte.

> Es zeigt sich damit, daß die "actio libera in causa" eigentlich nicht, wie häufig behauptet, eine eigene Rechtsfigur ist, sondern lediglich eine konsequente Durchführung der Grundsätze der Äquivalenztheorie darstellt. Sie knüpft nämlich an eine Handlung an, die in willensfreiem Zustand den tatbestandlichen Erfolg verursacht hat. Da der Täter mit dieser Handlung auch schon die Tat begeht, er in diesem Augenblick aber noch im Zustand der Schuldunfähigkeit war, liegt kein Fall des § 20 ("bei Begehung der Tat") vor. - Einen Überblick über die verschiedenen dogmatischen Begründungen der alic gibt Wessels-Beulke, AT, Rn. 415 f.

Man unterscheidet zwischen **vorsätzlicher und fahrlässiger actio libera in causa.**

Voraussetzungen der vorsätzlichen alic

Vorsätzliche alic liegt nach überwiegender Meinung vor, wenn der Täter

> 1. **den Zustand der Schuldunfähigkeit vorsätzlich herbeigeführt**
> 2. **zu diesem Zeitpunkt bereits**
>   **die Ausführung der späteren tatbestandsmäßigen Handlung,**
>   **die er im Zustand der Schuldunfähigkeit dann verwirklicht,**
>   **in seinen Vorsatz aufgenommen hat.**

Nach anderer Auffassung muß sich der Vorsatz nur auf die im Rausch zu begehende Tat erstrecken, nicht auf die Herbeiführung der Schuldunfähigkeit.

Hinsichtlich der zu begehenden Straftat muß sich der

> **Vorsatz auf eine bestimmte Tat**

beziehen. Die nur allgemeine Vorstellung, nicht näher bestimmte Delikte im Rauschzustand zu verwirklichen, reicht nicht aus. Andererseits soll es aber auch genügen, wenn der Täter die Tat wenigstens nach der Deliktsgattung bestimmt in seinen Vorsatz aufgenommen hat.

> **Bsp.:** Der Täter hatte in seinen Vorstellungen geplant, im Rausch irgendeinen Passanten zu überfallen und zu berauben. - Wählt sich A nun im Rausch den B als Opfer aus und überfällt und beraubt ihn, so soll dies eine ausreichende Konkretisierung des Vorsatzes für eine "actio libera in causa" darstellen.

In Fällen des sog. **Vorsatzwechsels** nach Eintritt der Schuldunfähigkeit gilt folgendes: die ursprünglich geplante Tat wird nach den Grundsätzen der "actio libera in causa" behandelt. Es ist also wegen Versuchs zu bestrafen (sofern dieser strafbar ist), wenn das Versuchsstadium erreicht wurde (Anwendung der "actio libera in causa"). Für die nachfolgende Rauschtat bleibt dann lediglich eine Bestrafung nach § 323 a.

> **Bsp.:** A plant, B im Rauschzustand zu erschießen. Als B sich nähert, schießt A, trifft den B jedoch infolge seiner rauschbedingten Unsicherheit nicht. Als B nun um sein Leben bettelt, ändert A seinen Vorsatz und verprügelt B lediglich kräftig. - Das Tötungsdelikt, das hier lediglich ins Versuchsstadium getreten ist, ist nach den Grundsätzen der "actio libera in causa" zu behandeln. Die Körperverletzung beruht hingegen auf einem Vorsatz, der im Rauschzustand gefaßt wurde und ist daher lediglich nach § 323 a zu beurteilen.

Zur Frage des **Irrtums bei der** "actio libera in causa" siehe das Kapitel Irrtum; zur Frage des **Versuchsbeginns bei der** "actio libera in causa" siehe JURISTI-SCHE GRUNDKURSE, Band 7, Strafrecht AT/2, Kapitel Versuch.

Unter **fahrlässiger alic** versteht man Fälle, in denen der Täter sich vorsätzlich oder fahrlässig in einen Zustand der Schuldunfähigkeit versetzt und dabei fahrlässig nicht erkennt, daß er in diesem Zustand eine bestimmte Straftat begehen wird. Demnach fehlt es an fahrlässiger alic, wenn der Täter Vorkehrungen getroffen hat, nach denen es zur Verwirklichung der tatbestandsmäßigen Handlung eigentlich nicht hätte kommen können, diese Vorkehrungen aber durch ein nicht erkennbares Mißgeschick unwirksam blieben.

Vollrausch, § 323 a

Obwohl ein Delikt des Besonderen Teils, soll der Vollrausch, § 323 a, an dieser Stelle erörtert werden, da er regelmäßig bei Fällen der "actio libera in causa" ebenfalls zu prüfen ist.

Voraussetzungen des § 323a

**1. Täter hat sich durch alkoholische Getränke
   oder andere berauschende Mittel in einen Rausch versetzt
2. Täter begeht im Rauschzustand eine rechtswidrige Tat
3. Täter kann wegen der Rauschtat, nicht bestraft werden,
   da er infolge des Rausches schuldunfähig war**

Ein "Rausch" liegt vor, wenn feststeht, daß mindestens der Bereich verminderter Schuldfähigkeit gem. § 21 überschritten ist (Tatfrage). Im einzelnen ist die Frage, wann ein Rausch vorliegt, jedoch stark umstritten.
Vgl. nur Lackner-Kühl, § 323a, 3..

Bei dieser Tat (der sog. **Rauschtat**) muß der **volle Tatbestand, objektiv und subjektiv**, und auch die **Rechtswidrigkeit** vorliegen. Demnach entfällt eine Rauschtat stets dann, wenn der Täter sich derart stark berauscht hat, daß er nicht einmal mehr eine Handlung im natürlichen Sinne willensgesteuert vornehmen kann. Ebenso ist erforderlich, daß der Täter zumindest noch einen Vorsatz im natürlichen Sinne fassen kann.

☞!! Beachten Sie: **Die Rauschtat ist kein Tatbestandsmerkmal, sondern objektive Bedingung der Strafbarkeit (str.)**

72

Bei "objektiven Bedingungen der Strafbarkeit" handelt es sich um außerhalb der tatbestandsmäßigen, rechtswidrigen und schuldhaften Handlung stehende, selbständige Strafvoraussetzungen, die das Gesetz an einigen Stellen zusätzlich in den Tatbestand eingefügt hat. Für die Erfüllung des Straftatbestandes ist allein ihre objektive Existenz erforderlich, sie müssen nicht vom Vorsatz erfaßt werden. Objektive Bedingungen der Strafbarkeit werden dadurch gekennzeichnet, daß sie weder für Unrecht noch für Schuld des Täters Bedeutung haben, sondern allein die Strafwürdigkeit des Verhaltens betreffen. Wann dies der Fall ist, kann nur durch Auslegung der einzelnen Straftatbestände geklärt werden.

Auch hinsichtlich der rauschbedingten Straffreiheit handelt es sich um eine objektive Bedingung der Strafbarkeit, die zudem deutlich macht, daß § 323 a den Charakter einer Auffangvorschrift hat. Er soll nämlich solche Fälle erfassen, in denen der Täter möglicherweise sonst infolge seines Rausches straflos ausginge.

§ 323 a kann vorsätzlich oder fahrlässig verwirklicht werden. Da nur das "sich in den Rausch versetzen" ein Tatbestandsmerkmal ist, muß sich auch nur darauf der Vorsatz erstrecken. Umstritten ist jedoch, ob das für § 323 a ausreichen kann, oder ob darüber hinaus weitere subjektive Elemente erforderlich sein müssen.

Während **einige Autoren** und ein **Teil der Rechtsprechung** der Ansicht sind, allein mit der **Kenntnis des Rausches** sei der subjektive Tatbestand erfüllt, sie § 323 a somit für ein **abstraktes Gefährdungsdelikt** halten, meinen andere, daß eine solche Lösung gegen das Schuldprinzip verstoße, da sie eine reine Erfolgshaftung normiere. Daher könne nur ein **gemeingefährlicher Rausch** den Tatbestand erfüllen und dementsprechend müsse der Täter wissen, daß er im Rausch zur Begehung irgendwelcher Straftaten neige. Die Tat selbst hingegen brauche er nicht in seinen Vorsatz aufgenommen zu haben. Vermittelnd meint **eine dritte Ansicht**, daß zwar die Herbeiführung eines gefährlichen Rausches zu fordern sei, jedoch könne man davon ausgehen, daß jeder Täter **normalerweise wisse**, daß es im Rausch zu **irgendwelchen Straftaten kommen könne**. Somit bedürfe es nur ausnahmsweise der Prüfung der Gefährlichkeit des Rausches, so wenn ein Trinker besondere Vorkehrungen getroffen habe, die ihm nach aller Vorsicht daran hindern müßten, während des Rausches irgendwelche strafbaren Handlungen zu begehen.

Dementsprechend ist bei fahrlässiger Begehung des § 323a erforderlich, daß der Täter hätte all dies erkennen müssen und können. Folglich entscheidet sich die Frage, ob der Täter wegen vorsätzlicher oder fahrlässiger Begehung zu strafen ist, nur nach der Kenntnis im Hinblick auf die Berauschung, nicht aber danach, ob die Rauschtat vorsätzlich oder fahrlässig begangen wurde.

Fall 14

Der ängstliche A will seinem Nebenbuhler B einen Denkzettel verpassen. Da er sich aber fürchtet, diesen kräftig zu verprügeln, beschließt er, sich Mut anzutrinken. A setzt sich in seine Stammkneipe und betrinkt sich vollständig. Sodann begibt er sich zu B, den er kräftig verprügelt. - Strafbarkeit des A?

Lösungsvorschlag

I. A könnte sich gem. § 223 strafbar gemacht haben, indem er den B verprügelte.

A hat den B übel und unangemessen behandelt und dadurch dessen körperliches Wohlbefinden nicht unerheblich beeinträchtigt, als er ihn verprügelte. Also hat er B körperlich mißhandelt.

Zwar hat A sich laut Sachverhalt vollständig betrunken, doch läßt sich daraus nicht folgern, daß er nicht mehr in der Lage war, wenigstens einen Vorsatz im natürlichen Sinne zu fassen. Da A den B verprügeln, also ihn körperlich mißhandeln wollte, hatte er auch Vorsatz.
Rechtfertigungsgründe sind nicht ersichtlich, also hat A auch rechtswidrig gehandelt.
Damit hätte A auch schuldhaft gehandelt, es sei denn, dem stünde seine Trunkenheit entgegen. Da er sich laut Sachverhalt vollständig betrank, ist davon auszugehen, daß die Grenze zur Schuldunfähigkeit im Sinne des § 20 erreicht war. Folglich handelte A zur Zeit der Körperverletzungshandlung ohne Schuld.
A hat sich somit nicht gem. § 223 durch das Verprügeln strafbar gemacht.

II. A könnte sich gem. § 223 strafbar gemacht haben, indem er in der Kneipe solange trank, bis er vollständig betrunken war und anschließend B verprügelte.

A hat den B körperlich mißhandelt, siehe oben. Da A zu diesem Zeitpunkt aber schon nicht mehr schuldfähig war (s.o.), wird nach den Grundsätzen der "actio libera in causa" nicht an dieses Verhalten angeknüpft. A hatte jedoch in schuldfähigem Zustand begonnen, sich zu betrinken. Daher ist dieses Verhalten als Tathandlung zu untersuchen. Hätte A sich nicht betrunken, so hätte er sich nicht zu B begeben und hätte diesen nicht verprügelt. Folglich war das Betrinken ursächlich für die später von ihm begangene Körperverletzung. Zweifel an der Zurechenbarkeit bestehen nicht. Da A im übrigen wußte und wollte, daß er sich in den Zustand der Schuldunfähigkeit versetzte - er wollte sich vollständig betrinken - und daß er in diesem Zustand die Körperverletzung begehen würde, handelte er auch vorsätzlich.
Damit hat A mangels ersichtlicher Rechtfertigung auch rechtswidrig gehandelt.

Zum Zeitpunkt, als A mit dem Trinken begann, war er auch noch schuldfähig, so daß § 20 insoweit nicht eingreift. Folglich hat A auch schuldhaft gehandelt.

Er hat sich somit gem. § 223 durch das Trinken von Alkohol strafbar gemacht.

III. A könne sich gem. § 323 a strafbar gemacht haben, indem er sich vollständig betrank.

Durch das vollständige Betrinken hat A sich in einen Rausch versetzt. In diesem Zustand hat A eine vorsätzliche rechtswidrige Körperverletzung begangen, s.o. Da er infolge des Rausches zu der Zeit, als er den B verprügelte, schuldunfähig war, kann er wegen dieser Tat nicht bestraft werden.

Für die Frage, ob jemand wegen der im Rausch begangenen Straftat bestraft werden kann oder nicht, kommt es allein auf die Tat an, die an die im Zustand des § 20 begangene Handlung anknüpft! Daß hier A wegen des Betrinkens gem. § 223 i.V.m. der "actio libera in causa" bestraft werden kann, hat insoweit außer Betracht zu bleiben.

Subjektiv setzt § 323 a zunächst Vorsatz bezüglich des sich Berauschens voraus. A wollte sich Mut antrinken, um seine Angst zu überwinden. Daher kann davon ausgegangen werden, daß er sich in einen Zustand der Schuldunfähigkeit versetzen wollte. Da es sich bei der Rauschtat, deretwegen er nicht bestraft werden kann, um eine objektive Bedingung der Strafbarkeit handelt, ist insoweit kein Vorsatz erforderlich. Fraglich ist jedoch, ob es für den subjektiven Tatbestand ausreichen kann, wenn der Täter allein hinsichtlich des sich Berauschens Vorsatz aufwies, oder ob nicht vielmehr weitere Elemente im subjektiven Bereich hinzutreten müssen.

Diese Frage ist umstritten, da einerseits behauptet wird, der Täter müsse wissen, daß er im Rausch zu irgendwelchen Straftaten neige. Andererseits wird vertreten, daß der Täter dies zwar wissen müsse, aber im Grundsatz davon auszugehen sei, daß er eben diese Kenntnis besitze.

Da im vorliegenden Fall A die Körperverletzung des B im Rausch sogar beabsichtigte, liegt auch nach der engsten Ansicht der subjektive Tatbestand vor. Eine Entscheidung des Streites muß mithin unterbleiben.

Rechtswidrigkeit und Schuld (vgl. schon oben unter II.) sind gegeben. A hat sich somit gem. § 323 a durch vollständiges Betrinken strafbar gemacht.

§§§§§§§ §§§§ §§§§ §§§§ §§§§§ §

Die Schuld kann auch ausgeschlossen sein, wenn ein unvermeidbarer Verbotsirrtum gem. § 17 vorliegt.

Siehe dazu das 6. Kapitel Irrtum.

Schließlich kann die Schuld auch dann entfallen, wenn ein Entschuldigungsgrund eingreift. Im Gesetz geregelt sind der entschuldigende Notstand gem. § 35 und der Notwehrexzeß, § 33. Anerkannt ist darüber hinaus ein sog. übergesetzlicher schuldausschließender Notstand und neuerdings wird auch diskutiert, ob Art. 4 GG einen Entschuldigungsgrund in Ausnahmefällen darstellen kann.

Der entschuldigende Notstand gem. § 35

1. Gegenwärtige, nicht anders abwendbare Gefahr
   für Leib, Leben oder Freiheit
2. Gefahr besteht für Handelnden,
   Angehörige oder nahestehende Person
3. Rettungshandlung des Täters ist
   objektiv geeignet und erforderlich
4. Kein Ausschluß nach Abs.1 S.2
5. Rettungswille

Objektiv setzt § 35 also zunächst eine **Notstandslage** voraus. Diese besteht in einer **gegenwärtigen, nicht anders abwendbaren Gefahr** (s. dazu die Ausführungen bei § 34) **für Leib, Leben oder Freiheit.** § 35 ist mithin auf diese drei notstandsfähigen Rechtsgüter beschränkt, eine **analoge Anwendung** auf andere Rechtsgüter oder Interessen ist **nicht möglich.**

Das Rechtsgut der **Freiheit** ist hier im Sinne körperlicher Bewegungsfreiheit zu verstehen, nicht geschützt ist hingegen die allgem. Handlungs- und Entscheidungsfreiheit.

Die **Gefahr** ist für § 35 nur dann beachtlich, wenn sie einen bestimmten, im Tatbestand näher **beschriebenen Personenkreis** trifft. Der Täter kann danach nur dann entschuldigt handeln, wenn er die Gefahr **von sich, einem Angehörigen oder einer anderen ihm nahestehenden Person** abwendet. Der Begriff des Angehörigen ist in § 11 Abs.1 Nr.1 abschließend geregelt. Dabei kommt es allein auf die formale verwandtschaftliche oder sonstige persönliche Beziehung an, nicht etwa darauf, ob der Täter zu dieser Person auch wirklich eine enge persönliche Beziehung unterhält. Trifft die Gefahr hingegen eine nahestehende Person, so kann § 35 nur dann eingreifen, wenn für den Täter durch die Bedrohung dieser Person eine ebenso starke psychische Zwangslage entsteht, wie sie üblicherweise bei Angehörigen anzunehmen wäre. Folglich wird man für diesen Personenkreis eine tatsächliche enge persönliche Beziehung von einer gewissen Erheblichkeit verlangen müssen.

Bsp.: Langjährige Freundschaft, eheähnliches Zusammenleben, enge Liebesverhältnisse, Hausgemeinschaften.

76

Die **Rettungshandlung des Täters** muß **objektiv geeignet und erforderlich** sein, die drohende Gefahr abzuwenden. Demnach greift § 35 nicht ein, wenn es mildere Mittel zur Gefahrenabwehr gegeben hätte oder aber der Täter ohne Probleme hätte ausweichen können. Im Rahmen des § 35 ist stets zu verlangen, daß der Täter die Rechtsgüter Dritter bei seiner Abwehr soweit als möglich zu schonen hat, wozu er ggf. auch einen Weg der Gefahrenabwehr wählen muß, der für ihn selbst mit Schwierigkeiten verbunden ist.

Der Ausschluß nach § 35 Abs.1 S.2

Eine Entschuldigung nach § 35 Abs.1 S.1 ist gem. § 35 Abs.1 S.2 jedoch in bestimmten Fällen ausgeschlossen.

> Die dogmatischen Begründung des S.2 ist umstritten, siehe dazu Sch-Sch-Lenckner Vor § 32, 110 ff.

Nach dem Grundgedanken der Unzumutbarkeit normgemäßen Verhaltens entfällt eine Entschuldigung stets dann, wenn es dem Täter zuzumuten war, die jeweilige Gefahr hinzunehmen. Das Gesetz gibt selbst zwei Beispiele, wann dies der Fall sein soll: der **Täter hat die Gefahr selbst verursacht** oder er steht in einem **besonderen Rechtsverhältnis**, aus dem sich ergibt, daß er die Gefahr hinzunehmen hat.

> **Bsp.:** Polizeibeamte, Soldaten, Seeleute, Angehörige des Katastrophenschutzes usw.

Ein entscheidendes Kriterium dabei ist, daß dem Täter eine besondere Pflicht, Gefahren zu ertragen, gerade gegenüber der Allgemeinheit obliegt.

§ 35 Abs.1 S.2, 2.Halbsatz bietet aber die Möglichkeit, die **Strafe nach § 49 Abs.1 zu mildern.** Voraussetzung dafür ist, daß zunächst ein Fall des Abs.1 S.1 gegeben ist. Die damit an sich eingreifende Entschuldigung entfällt aber aufgrund des Satzes 2, wenn der Täter im konkreten Fall verpflichtet war, die Gefahr hinzunehmen.

Die **Strafmilderung greift nicht ein**, wenn der Täter verpflichtet war die Gefahr hinzunehmen, weil er in einem besonderen Rechtsverhältnis stand. Somit kann eine Strafmilderung nach Abs.1 S.2, 2.Halbsatz nur in Betracht kommen, wenn ein anderer Fall des S.2 verwirklicht ist.

> Zur Irrtumsregelung in Fällen des Abs.2 siehe das 6. Kapitel.

In **subjektiver Hinsicht** setzt § 35 einen **Rettungswillen** voraus, d.h. der Täter muß handeln, um die Gefahr abzuwenden. Daher muß der Täter Kenntnis von der zuvor beschriebenen Notstandssituation aufweisen.

Der Notwehrexzeß gem. § 33

Anders als der Wortlaut des § 33 es vermuten läßt, stellt dieser einen Entschuldigungsgrund dar.

Voraussetzung des § 33

Bestehen einer tatsächlichen Notwehrlage
Täter überschreitet das Maß der erforderlichen Verteidigung
Grund der Überschreitung ist einer der beschriebenen Affekte

Da tatsächlich eine Notwehrlage bestehen muß, greift § 33 nicht ein, wenn es an einem gegenwärtigen, rechtswidrigen Angriff fehlt.

§ 33 erfaßt nur Fälle, in denen **bei bestehender Notwehrlage** der Täter **das Maß der erforderlichen Verteidigung** überschreitet (sog. intensiver Notwehrexzeß). Die Notwehr muß daher an der Erforderlichkeit verneint worden sein.

Diese Überschreitung muß aus **Verwirrung, Furcht oder Schrecken** geschehen. Aus der Formulierung des Gesetzes ergibt sich, daß ein **innerer Zusammenhang** zwischen diesen Affekten und der Notwehrüberschreitung notwendig ist. Liegen allein andere Affektzustände vor, z.B. blinde Wut oder Haß, so ist § 33 nicht anwendbar. Dagegen ist es unschädlich, wenn neben den im Gesetz genannten Affekten weitere Affekte mitursächlich geworden sind, ohne daß die im Gesetz genannten Gründe ihre Ursächlichkeit einbüßten.

Zu differenzieren ist bei § 33 in folgenden Fällen:

1. Der Täter überschreitet bewußt oder unbewußt die Grenzen der **erforderlichen Notwehrhandlung.** - In diesen Fällen ist **§ 33 anwendbar.**

2. Der Täter wird **bei fehlender Notwehrlage** tätig und ihm ist dies **bewußt.**- Es liegt ein sog. **extensiver Notwehrexzeß** vor. Bei diesem greifen weder § 33, noch Irrtumsregeln noch Rechtfertigungsgründe ein. Der Täter ist voll verantwortlich.
   H.M., vgl. Jescheck-Weigend, AT, § 45 II, 4.

3. Glaubt dagegen der Täter es liege ein Notwehrlage vor, tatsächlich ist dies aber nicht der Fall, sog. Putativnotwehr, und setzt sich der Täter dagegen **unbewußt** - also irrtümlich -über die **fehlende Notwehrlage** hinweg, handelt es sich um einen Irrtumsfall, § 33 kommt also nicht zur Anwendung (str.).

Zweifelhaft ist, ob § 33 frei von jeder Verhältnismäßigkeitsklausel ist, oder ob gewisse äußerste Grenzen, z.B. bei krassem Mißverhältnis, nicht überschritten werden dürfen.

Vgl. dazu den kurzen Überblick bei Lackner-Kühl § 33, 4.

Übergesetzlicher entschuldigender Notstand

Unter diesem Begriff faßt man Fälle zusammen,

in denen jemand in einer nicht anders behebbaren Notlage gehandelt hat, und die Abwägung der betroffenen Interessen nur deren Gleichwertigkeit, nicht aber ein Überwiegen des geschützten Interesses ergab.

So z.B. Lackner-Kühl, Vor § 32, 31. Zur dogmatischen Begründung des übergesetzlichen entschuldigenden Notstandes siehe Sch-Sch-Lenckner, Vor § 32 ff, 117. Teilweise wird jedoch vertreten, derartige Fälle seien kein Entschuldigungsgrund, sondern stellten lediglich einen Strafausschließungsgrund dar, z.B. Wessels-Beulke, AT, Rn. 452.

Voraussetzung dieses Entschuldigungsgrundes ist eine **nicht anders abwendbare Notlage**, entsprechend der des § 34. Weiter muß die Abwägung eine **Gleichwertigkeit** von **geopfertem und geschütztem Interesse** ergeben und die Handlung als einzige Möglichkeit zur Abwendung noch größeren Unheils anzusehen sein.

Weitere übergesetzliche Entschuldigungsgründe

Die **Unzumutbarkeit normgemäßen Verhaltens** ist nach überwiegender Auffassung **kein genereller übergesetzlicher Entschuldigungsgrund**. Nur im Bereich der Unterlassungs- und Fahrlässigkeitsdelikte kann dieser Gedanke eine einschränkende Wirkung im Rahmen der Konkretisierung von Sorgfalts- und Handlungspflichten haben.

Neuerdings ist darüber hinaus wohl überwiegend anerkannt, daß sich auch aus **Art. 4 GG** ein Entschuldigungsgrund ergeben kann, vgl. Lackner-Kühl, Vor § 32, 32.

Bsp.: Der Ehemann verhindert, daß seine Frau ein Krankenhaus aufsucht, weil dies dem Glauben des Ehepaares widerspricht.

Inhalt und Grenzen dieses noch umstrittenen Entschuldigungsgrundes sind noch weitgehend ungeklärt.

Zur Frage, ob **dienstliche Weisungen und Befehle** entschuldigende Wirkung haben können vgl. näher Wessels-Beulke, AT, Rn. 450.

Fall 15 (nach WELZEL, ZStW 63,51):

Auf einer steilen Gebirgsstrecke hat sich ein Güterwagen gelöst und saust mit voller Wucht ins Tal auf einen kleinen Bahnhof zu, auf dem gerade ein Personenzug steht. Würde der Güterwagen auf dem bisherigen Gleis weiterrasen, so würde er auf den Personenzug stoßen und eine große Anzahl von Menschen töten. Ein Bahnbeamter, B, der das Unheil kommen sieht, stellt in letzter Minute die Weiche um, die den Güterwagen auf das einzige Nebengleis lenkt, auf dem gerade einige Arbeiter einen Güterwagen entladen. Durch den Anprall werden, wie der Beamte voraussah, drei Arbeiter getötet. - Strafbarkeit des B?

Lösungsvorschlag

B könnte sich eines Totschlags gem. § 212 an den Bahnarbeitern strafbar gemacht haben, indem er die Weiche umstellte. Der tatbestandliche Erfolg ist mit dem Tod der Bahnarbeiter eingetreten, diesen hat B auch in zurechenbarer Weise verursacht.

Da B mit diesem Erfolg auch gerechnet hatte und ihm dies zur Rettung der Insassen des Personenzuges auch recht war, handelte er auch vorsätzlich.

Damit hätte er auch rechtswidrig gehandelt, es sei denn, es griffen Rechtfertigungsgründe ein.

Notwehr nach § 32 scheidet schon deshalb aus, weil der zu Tal rollende Güterwagen keine von einem Menschen ausgehende Rechtsgutgefährdung, also keinen Angriff bewirkt.

Eine Rechtfertigung käme jedoch aus § 34 in Betracht. Für die Insassen des Personenzuges bestand eine nicht anders abwendbare Gefahr für deren Leben. Die erforderliche Notstandslage ist damit gegeben. Fraglich ist jedoch, ob die nach § 34 erforderliche Abwägung der widerstreitenden Interessen hier dazu führt, daß das geschützte Interesse das beeinträchtigte wesentlich überwiegt. Es steht hier auf der einen Seite das Leben der Personenzuginsassen und auf der anderen Seite das Leben der Bahnarbeiter. Da jedes Leben für sich genommen schon einen Höchstwert darstellt, läßt sich ein Überwiegen auf der einen oder der anderen Seite nicht feststellen. Eine Quantifizierung des Rechtsguts Leben, d.h. auf der einen Seite wenige, auf der anderen Seite viele Menschenleben, ist im Rahmen der Rechtsgüterabwägung des § 34 nicht zulässig. Folglich fehlt es an der Verhältnismäßigkeit i.S.d. § 34, so daß eine Rechtfertigung aus dieser Vorschrift ausscheidet.

Da §§ 228, 904 BGB lediglich Eingriffe in Sachen rechtfertigen, scheidet eine Rechtfertigung aus §§ 904, 228 BGB ebenfalls aus.

Da weitere Rechtfertigungsgründe nicht ersichtlich sind, ist B nicht gerechtfertigt, er hat mithin rechtswidrig gehandelt.

Damit hätte er auch schuldhaft gehandelt, es sei denn, es griffe ein Entschuldigungsgrund ein.

In Betracht käme zunächst eine Entschuldigung gem. § 35. Zwar bestand eine gegenwärtige, nicht anders abwendbare Gefahr für das Leben der Personenzuginsassen, jedoch setzt § 35 weiter voraus, daß es sich bei den gefährdeten Personen entweder um den Täter selbst oder um dessen Angehörige oder ihm nahestehende Personen handelt. Da dies bei den Personenzuginsassen, soweit aus dem Sachverhalt ersichtlich, nicht der Fall war, kann § 35 hier nicht entschuldigend wirken.

Möglich wäre jedoch eine Entschuldigung aus einem übergesetzlichen, entschuldigenden Notstand. Voraussetzung dazu wäre, daß zunächst eine nicht anders abwendbare Gefahr für das Rechtsgut Leben bestand. Dies ist mit der Gefährdung des Lebens der Personenzuginsassen der Fall. Diese Gefahr konnte auch nicht anders als durch das Umlenken des Güterwagens abgewendet werden, somit war die Aufopferung der geschädigten Rechtsgüter auch erforderlich. Da, wie oben festgestellt, eine Abwägung zwischen geopfertem und erhaltenem Rechtsgut deren Gleichwertigkeit ergibt, lägen die Voraussetzungen für eine Entschuldigung aus übergesetzlichem Notstand vor. Allerdings ist bestritten, ob bei derartigen Fällen tatsächlich ein Schuldausschluß oder ob nicht vielmehr ein Strafausschließungsgrund vorliegt. Da jedoch bei Fällen wie dem vorliegenden ein vergleichbar starker Motivationsdruck auf dem Täter lastet, hier rettend einzugreifen, ebenso wie es auch in allen anderen gesetzlich geregelten Notstandsfällen der Fall ist, spricht vieles dafür, einen Entschuldigungsgrund anzunehmen.

Jedenfalls entfällt aufgrund übergesetzlichen Notstandes die Strafbarkeit des Täters.

Somit hat sich B nicht gem. § 212 strafbar gemacht.

§§§§§ §§§§ §§§§ §§§§ §§§

Von den Rechtfertigungs- und Entschuldigungsgründen sind Strafausschließungsgründe zu unterscheiden. Sie beschreiben Fälle, in denen trotz rechtswidrigen und schuldhaften Verhaltens die Strafbarkeit aus anderen Gründen ausgeschlossen ist. Nicht zu verwechseln sind sie mit einem Absehen von Strafe, bei dem lediglich der Strafausspruch, nicht jedoch die Strafbarkeit entfällt. Weiter zu unterscheiden sind sie von Verfahrenshindernissen, z.B. dem Fehlen eines Strafantrages.
    Zur dogmatischen Begründung der Strafausschließungsgründe siehe Sch-Sch-Lenckner, Vor §§ 32 ff, 129 ff.

Man unterscheidet innerhalb der Strafausschließungsgründe solche **persönlicher und sachlicher Art.**

Persönliche Strafausschließungsgründe liegen vor, wenn an persönliche Eigenschaften oder Verhältnisse angeknüpft werden soll und diese nur dem zugute kommen, der ihre Voraussetzungen auch tatsächlich erfüllt. Beispiele finden sich in §§ 258 Abs.6 und 173 Abs.3.

Sachliche Strafausschließungsgründe liegen vor, wenn ein nichtpersonengebundener Sachverhalt zur Straflosigkeit führt.

Von **Strafaufhebungsgründen** spricht man demgegenüber in Fällen, in denen an Umstände angeknüpft wird, die erst nach Begehung der Tat und nicht wie bei den Strafausschließungsgründen bereits zur Zeit der Tat vorlagen. Daher beseitigen Strafaufhebungsgründe eine eigentlich bereits begründete Strafbarkeit rückwirkend.
    Bekannteste Beispiele sind: Rücktritt nach §§ 24, 31 und tätige Reue nach § 306e.
➡   Zu Inhalt, Reichweite und den Voraussetzungen der einzelnen Strafaufhebungs- und Strafausschließungsgründe siehe bei den jeweiligen Tatbeständen. - Zum Rücktritt: JURISTISCHRE GRUNDKURSE, Band 7, Strafrecht AT/2..

Wiederholungsfragen zum 5. Kapitel

1. Was bedeutet Schuld (schlagwortartig)?

Vorwerfbarkeit

2. Was bedeutet Vorwerfbarkeit?

Der Täter hat rechtswidrig gehandelt, obwohl er nach seinen Fähigkeiten und den konkreten Umständen der Tat fähig war, sich rechtmäßig zu verhalten

3. Was ist hinsichtlich der Schuld bei der Fallbearbeitung zu merken?

Sie ist durch das Vorliegen der Rechtswidrigkeit indiziert, d.h. regelmäßig gegeben, wenn nicht Anhaltspunkte für einen Schuldausschluß vorliegen

4. Wo sind im StGB Fälle von Schuldunfähigkeit geregelt?

In §§ 19 - 21

5. Was versteht man unter einer actio
libera in causa?

Der Täter setzt in schuldfähigem Zustand
eine Ursachenreihe in Gang, in deren
Verlauf er bei eingetretener Schuldunfähigkeit eine Straftat begeht. Anknüpfungspunkt für die Beurteilung dieser
Straftat ist dann das Ingangsetzen der
Ursachenkette

6. Was stellt die actio libera in causa
somit rechtsdogmatisch dar?

Die konsequente Anwendung der Äquivalenztheorie

7. Beschreiben Sie die vorsätzliche actio
libera in causa?

Der Täter führt den Zustand der Schuldunfähigkeit vorsätzlich herbei und hat zu
diesem Zeitpunkt bereits die Ausführung
der späteren tatbestandsmäßigen Handlung in seinen Vorsatz aufgenommen

8. Was ist dabei jedoch umstritten?

Ob sich der Vorsatz nur auf die im
Rausch zu begehende Tat erstrecken muß
oder auch auf die Herbeiführung der
Schuldunfähigkeit

9. Was reicht insoweit für den Vorsatz
nicht aus?

Nur allgemeine Vorstellungen, nicht
näher bestimmte Delikte zu verwirklichen

10. Wann scheidet eine fahrlässige actio
libera in causa regelmäßig aus?

Wenn der Täter Vorkehrungen getroffen
hat, die die Verwirklichung der tatbestandsmäßigen Handlung eigentlich hätten
verhindern müssen

11. Welches ist die erste Voraussetzung
des § 323a?

Daß der Täter sich berauscht hat

12. Wann ist dies der Fall?

Wenn mindestens der Bereich des § 21
überschritten ist

13. Weitere Voraussetzungen des § 323a?

Rauschtat, Täter kann wegen dieser Tat
nicht bestraft werden

14. Wie sind diese Merkmale einzuordnen?

Keine Tatbestandsmerkmale, sondern
objektive Bedingungen der Strafbarkeit

15. Was muß bei der Rauschtat verwirklicht sein?

Der volle objektive und subjektive Tatbestand sowie Rechtswidrigkeit

16. Worauf muß sich also der Vorsatz nur
erstrecken?

Nur auf das "Sich in den Rausch versetzen"

17. Sind darüber hinaus weitere subjektive Elemente erforderlich?

Dies ist umstritten, teilweise wird verlangt, es müsse sich um einen gemeinefährlichen Rausch handeln, teilweise meint man, daß normalerweise jeder Täter wisse, daß es im Rausch zu Straftaten kommen könne. Nur im Einzelfall, wenn besondere Hinweise gegeben seien, sei dies gesondert zu prüfen

18. Was setzt § 35 voraus?

Notstandslage, Gefahr für eine bestimmte Personengruppe, Erforderlichkeit, subjektiv einen Rettungswillen

19. Wie ist in § 35 "Freiheit" zu verstehen?

Im Sinne körperlicher Bewegungsfreiheit

20. Was enthält § 33?

Einen Entschuldigungsgrund

21. Was ist stets Voraussetzung für § 33?

Eine tatsächlich bestehende Notwehrlage (gegenwärtiger, rechtswidriger Angriff)

22. Was ist für die Überschreitung der Notwehr weiter erforderlich?

Ein innerer Zusammenhang zwischen den im Gesetz genannten Affekten und der Notwehrüberschreitung

23. Welche übergesetzlichen Grenzen schränken §§ 35, 33 ein?

Das Gebot der Verhältnismäßigkeit, bei krassem Mißverhältnis zwischen gerettetem und vernichtetem Gut entfällt die Entschuldigung (str.)

24. Welche Fälle betrifft der übergesetzliche entschuldigende Notstand?

Solche, in denen jemand in einer nicht anders behebbaren Notlage ein Gut gerettet hat, das das vernichtete Gut nicht überwog

25. Welches ist der wichtigste Fall des übergesetzlichen Notstands?

Rettung vieler Menschenleben durch Vernichtung weniger Menschenleben

26. Was beschreiben Strafausschließungsgründe?

Fälle, in denen trotz rechtswidrigen und schuldhaften Verhaltens ausnahmsweise die Strafbarkeit entfällt

27. Wie unterscheidet man bei Strafausschließungsgründen?

Persönliche und sachliche Strafausschließungsgründe

28. Was beschreiben demgegenüber Strafaufhebungsgründe?

Fälle, in denen die Strafbarkeit rückwirkend beseitigt wird, weil Umstände, die der Strafbarkeit entgegenstehen, erst nach der Tat eingetreten sind

29. Welches sind die wichtigsten Strafaufhebungsgründe?

Rücktritt gem. §§ 24, 31; Tätige Reue gem. § 310

84

6. Kapitel

Der Irrtum

Einem Irrtum kann ein Täter in verschiedenster Hinsicht unterliegen, so daß Irrtümer auf allen Stufen des Verbrechensaufbaus auftreten können. Eine ausdrückliche Regelung hat der Irrtum im Gesetz in §§ 16, 17 erfahren. Im einzelnen sollte man zumindest folgende Irrtümer unterscheiden:

> - **Tatbestandsirrtum gem. § 16**
> - **Verbotsirrtum gem. § 17**
> - **Irrtum über rechtfertigende Umstände**
> - **umgekehrter Irrtum**

Das Wesen des Tatbestandsirrtums liegt darin, daß der Täter ein Merkmal des gesetzlich beschriebenen Tatbestandes nicht erkennt. Damit hat er nicht den erforderlichen Vorsatz bezüglich dieses Merkmales. Als Grenzfälle des § 16 werden üblicherweise der error in persona vel objecto und die aberratio ictus angesehen.

Bei einem **Verbotsirrtum** fehlt dem Täter das Bewußtsein, rechtswidrig zu handeln. Anders als beim Tatbestandsirrtum kennt der Täter hier alle Merkmale des gesetzlichen Tatbestandes, glaubt jedoch, sein Verhalten sei erlaubt.

Beim **Irrtum über rechtfertigende Umstände**, der auch **Erlaubnistatbestandsirrtum** genannt wird und im Gesetz nicht geregelt ist, wird gestritten, wie er rechtlich einzuordnen ist. Er beschreibt Fälle, in denen der Täter Umstände annimmt, die, lägen sie tatsächlich vor, einen anerkannten Rechtfertigungsgrund ausfüllen würden. Dieser Irrtum ist abzugrenzen vom Irrtum über die Reichweite eines anerkannten Rechtfertigungsgrundes sowie von der irrtümlichen Annahme nicht anerkannter Rechtfertigungsgründe.

Beim **umgekehrten Irrtum** nimmt der Täter irrig das Vorliegen strafbegründender/straferhöhender Umstände an.

Daneben gibt es zahlreiche andere Irrtumsformen, z.B. über Entschuldigungs-, Strafaufhebungs-, Strafausschließungsgründe; Irrtum bei der actio libera in causa.

Der Tatbestandsirrtum nach § 16

Der Tatbestandsirrtum beschreibt Fälle, in denen der Täter bei Begehung der Tat einen Umstand nicht kennt, der zum gesetzlichen Tatbestand gehört. Daraus ergibt sich, daß es auf die Sachverhaltskenntnis des Täters ankommt - nicht auf die rechtliche Bewertung des Sachverhaltes durch den Täter.

Dieser Grundsatz gilt uneingeschränkt bei sog. **deskriptiven Tatbestandsmerkmalen**. Deskriptiven (beschreibenden) Charakter sollen Tatbestandsmerkmale dann tragen, wenn sie der täglichen Umgangssprache entnommen sind. Daher wird ihre inhaltliche Bedeutung als klar umrissen und jedermann verständlich unterstellt.

Als Beispiele werden meist angeführt: Mensch, Sache, Zerstören, Töten usw. Sobald also der Täter die Sachverhaltsumstände nicht erkannt hat, aus denen sich z.B. das Merkmal "Mensch" ergibt, handelt er im Tatbestandsirrtum nach § 16. Folge: Der Vorsatz hinsichtlich dieses Tatbestandsmerkmales fehlt.

Bsp.: A sieht im Garten einen Schatten und meint, es handele sich um den wieder einmal wildernden Hund des Nachbarn N. Tatsächlich ist es der N selbst, der dort sein entlaufenes Meerschweinchen sucht. A schießt auf den vermeindlichen Hund und erlegt N. - Ein Totschlag, dessen objektiver Tatbestand vorliegt, scheidet aus, da A das Merkmal Mensch nicht erkannt hat, er also keinen entsprechenden Vorsatz hatte.

> **Bei deskriptiven Tatbestandsmerkmalen führt die Unkenntnis des Täters von diesem Merkmal zum Vorsatzausschluß**

In derartigen Fällen ist stets zu prüfen, ob ein Fahrlässigkeitsdelikt existiert, das dann noch eingreifen kann. Vgl. § 16 Abs.1 S.2! Ferner ist zu prüfen, ob der Versuch des eigentlich gewollten Deliktes in Betracht kommt.

Bsp.: Im Beispiel vorher wäre fahrlässige Tötung, § 222, im Hinblick auf N und versuchte Sachbeschädigung nach §§ 303, 22 im Hinblick auf den Hund zu prüfen.

Die vorstehenden Grundsätze gelten allerdings bei sog. **normativen Tatbestandsmerkmalen** nur in abgewandelter Form.

> **Normative Tatbestandsmerkmale sind solche, die der Rechtssprache entstammen und rechtliche Wertungen schon von sich aus enthalten**

Als Beispiele werden häufig angeführt: Urkunde, Eigentum, Gewahrsam.

In diesen Fällen kann es nicht allein auf die fehlende Kenntnis der Tatumstände ankommen, sondern entscheidend ist, daß der Täter in laienhafter Weise die erforderliche Bewertung der Sachverhaltsumstände falsch vorgenommen hat.

Es geht hier also um zweierlei:

1.

> **Wie bei den deskriptiven Merkmalen schließt fehlende Sachverhaltskenntnis auch hier den Vorsatz aus**

Insoweit bestehen also keine Unterschiede zu den Fällen, bei denen deskriptive Merkmale in Frage stehen.

2.

> **Falls Sachverhaltskenntnis gegeben ist, führt fehlende oder falsche laienhafte Bewertung des Sachverhaltes dennoch zum Vorsatzausschluß**

In diesen Fällen bedarf es also zusätzlich der richtigen laienhaften Erfassung des jeweiligen Merkmales, der Täter muß es also in laienhafter Form zutreffend verstanden haben. Ist dies nicht geschehen, fehlt ihm der erforderliche Tatvorsatz

Fall 16:

Assistent A ist Besitzer vieler juristischer Bücher. Um sich die Gunst der Studentin J zu erwerben, verkauft er ihr ein Buch über Hexenverbrennungen im Mittelalter weit unter Wert. Dabei nimmt er irrtümlich an, es sei sein eigenes Buch, tatsächlich gehört es aber Professor P, von dem er es als Leihgabe erhalten hatte.
Strafbarkeit des A?

Lösungsvorschlag

A könnte sich gem. § 246 strafbar gemacht haben, indem er das Buch an J veräußerte.
Sie lernen hier einen neuen Tatbestand kennen, § 246, die Unterschlagung. Es handelt sich um ein Eigentumsdelikt, das jedoch nur in seiner Grundstruktur angesprochen werden soll. Näheres dazu im Kurs über Eigentums- und Vermögensdelikte. Der Tatbestand des § 246 setzt in objektiver Hinsicht voraus, daß der Täter eine fremde bewegliche Sache in Besitz oder Gewahrsam hatte. Diese muß er sich zueignen, wobei die Zueignung rechtswidrig sein muß.
Fremd ist eine Sache, die einem anderen als dem Täter gehört. Abzustellen ist dabei auf das Eigentum nach Bürgerlichem Recht.

87

Beweglich sind Sachen im Grundsatz dann, wenn sie tatsächlich fortgeschafft werden können.

Der Begriff der Sache bestimmt sich nach § 90 BGB, also jeder körperliche Gegenstand, vgl. im übrigen auch schon oben.

Gewahrsam ist ein tatsächliches, von einem Herrschaftswillen getragenes Herrschaftsverhältnis. Dies setzt objektiv voraus, daß nach den Anschauungen des täglichen Lebens einerseits der Verwirklichung des Herrschaftswillens keine unmittelbaren Hindernisse entgegenstehen und andererseits die Sache dem Gewahrsamsinhaber sozial zugeordnet wird. Besitz i.S.d. § 246 bezeichnet nicht den Besitz i.S.d. BGB, sondern soll gleichbedeutend mit Gewahrsam zu verstehen sein.

Die Tathandlung besteht im Sichzueignen, d.h. (sehr oberflächlich und kurz ausgedrückt) die Anmaßung einer eigentümerähnlichen Stellung. Dazu ist eine äußere Handlung erforderlich, die auf den Willen schließen läßt, den Eigentümer dauernd von dieser Herrschaft auszuschließen und die Sache dem eigenen Vermögen einzuverleiben.

Der objektive Tatbestand setzt zunächst voraus, daß es sich bei dem Buch um eine für A fremde bewegliche Sache handelte. Das Buch ist ein körperlicher Gegenstand i.S.d. § 90, BGB, also eine Sache.

Fremd wäre diese Sache, wenn sie nicht allein dem A gehörte. Offenbar war ursprünglich Professor P Eigentümer des Buches, als er es an A verlieh. Durch die Leihe, ein schuldrechtliches Geschäft, bleibt die dingliche Rechtslage jedoch unberührt (Abstraktionsprinzip!). Da die Eigentumslage nur durch dingliche Rechtsänderung, Eigentumsübertragung, geändert werden kann, ein solcher Übereignungsvertrag hier jedoch nicht ersichtlich ist, hat Professor P sein Eigentum nicht auf A übertragen. Folglich ist A nicht Eigentümer geworden, die Sache für ihn fremd.

Das Buch ist im übrigen im natürlichen Sinn beweglich, also eine bewegliche Sache.

Da für A auch ein von einem tatsächlichen Herrschaftswillen getragenes Herrschaftsverhältnis über das Buch bestand und ihm das Buch auch rechtlich zuzuordnen war, hatte A Gewahrsam an dem Buch.

Weiter müßte A sich das Buch zugeeignet haben. Die Veräußerung einer Sache stellt eine Handlung dar, die regelmäßig nur der Eigentümer (oder sonst Berechtigte) vornehmen darf. Folglich liegt darin die Anmaßung einer eigentümerähnlichen Stellung, die auch nach außen in erkennbarer Form zutage getreten ist. Diese Handlung wurde subjektiv von einem Zueignungswillen getragen, so daß das Merkmal der Zueignung erfüllt ist. Damit ist der objektive Tatbestand gegeben.

Subjektiv erfordert § 246 Vorsatz. Dieser müßte sich zunächst auf das Merkmal "fremd" beziehen. Da A glaubte, er sei Eigentümer der Sache - "sie gehöre ihm" -, er mithin das Leihverhältnis nicht kannte, hat er die güterrechtliche Zuordnung, die im Begriff "fremd" - normatives Tatbestandsmerkmal - steckt, nicht einmal in laienhafter Weise erkannt. Mithin befand er sich in einem Irrtum über ein Merkmal, das zum gesetzlichen Tatbestand gehört. Da er dieses somit nicht kannte, entfällt gem. § 16 der Vorsatz.

Mithin hat sich A nicht gem. § 246 strafbar gemacht.

Eine Strafbarkeit wegen fahrlässiger Unterschlagung kommt hier nicht in Betracht, da diese im Gesetz nicht mit Strafe bedroht ist.

§§§§§§ §§§§ §§§§ §§§§ §§§§

Der error in persona vel objecto beschreibt Fälle, in denen der

> **Täter über die Identität des Handlungsobjektes irrt**

Für die Behandlung eines solchen Irrtums ist zu unterscheiden, ob die verwechselten Angriffsobjekte **rechtlich gleichwertig** oder **ungleichwertig** sind.

> **Handelt es sich um rechtlich gleichwertige Angriffsobjekte, so ist der Irrtum unbeachtlich**

Bsp.: A will B erschießen, verwechselt ihn aber mit C, den er statt des B erschießt. - Der Täter ist wegen vollendeten vorsätzlichen Deliktes zu bestrafen. Dies ergibt sich daraus, daß sein Vorsatz auf die Tötung dieses konkreten Menschen, der gerade vor ihm stand, gerichtet war, einerlei, ob es nun B oder C war. Sein Entschluß ging dahin, gerade dieses konkrete Angriffsobjekt, das er im Auge hatte, zu treffen. Er traf auch genau dieses Objekt, folglich kannte er die Umstände, die den gesetzlichen Tatbestand des Totschlages erfüllen (Tötung eines anderen Menschen), so daß ein Fall des § 16 und damit ein beachtlicher (vorsatzausschließender) Irrtum ausscheidet.

Anders sind Fälle zu behandeln, in denen die **Angriffsobjekte rechtlich ungleichwertig** sind. Dort gilt, daß der Täter hinsichtlich des Objektes, das er eigentlich zu treffen beabsichtigt, nur wegen Versuchs zu strafen ist, da es insoweit gerade an der Vollendung der Tat fehlt. Hinsichtlich des tatsächlich getroffenen Objektes lag jedoch kein Vorsatz vor, so daß nur eine Bestrafung wegen fahrlässiger Tat in Betracht kommt.

> **Bei rechtlich nicht gleichwertigen Angriffsobjekten liegt Versuch bzgl. des verfehlten und ggf. Fahrlässigkeitsdelikt bzgl. des getroffenen Objekts vor**

Bsp.: A will B töten. Er schießt und trifft eine Statue im Garten des X, die er in der Dunkelheit für B hielt. -Hier liegt nur versuchter Totschlag an B vor, da es am Eintritt des tatbestandsmäßigen Erfolges - Tod eines anderen Menschen - fehlt. Hinsichtlich der Statue kommt Sachbeschädigung in Betracht. Jedoch kannte A das Merkmal "Sache" nicht, da er meinte, es handele sich um einen Menschen. Folglich scheidet vorsätzliche Sachbeschädigung gem. § 16 Abs.1 aus. Es bliebe allenfalls eine fahrlässige Sachbeschädigung, die jedoch nicht strafbar ist. A ist somit nur wegen versuchten Totschlages zu bestrafen.

89

Fall 17

A will B töten. Er lauert daher des Abends vor dem Garten am Hause des B darauf, daß er B im Garten erspäht. Als A schließlich hinter den Büschen einen Schatten erkennt, zielt er und drückt ab - der große Hund des X sinkt tot zu Boden. Ihn hatte A fälschlich für den erwarteten B gehalten. Durch den Schuß aufmerksam geworden, betritt nunmehr X den Garten. A glaubt nunmehr, B sei endlich gekommen und schießt erneut. X bricht tot zusammen. Strafbarkeit des A?

Lösungsvorschlag

I. A könnte sich gem. § 212 strafbar gemacht haben, indem er auf den Schatten schoß und den Hund traf.

§ 212 setzt zunächst den Tod eines anderen Menschen voraus. Da A zwar glaubt, bei dem Schatten handele es sich um einen Menschen, dies jedoch der Hund war, der strafrechtlich (noch) dem Sachbegriff zuzuordnen ist, fehlt es am tatbestandlichen Erfolg des § 212 im Hinblick auf die Tathandlung. Eine Strafbarkeit aus § 212 scheidet somit aus.

II. A könnte sich jedoch gem. §§ 212, 22 strafbar gemacht haben, indem er auf den Schatten schoß.

> Da im bisherigen Kurs der "Versuch" noch nicht behandelt wurde, soll auch an dieser Stelle darauf verzichtet werden, den versuchten Totschlag eingehend zu prüfen.

Da A den Vorsatz gefaßt hatte, einen anderen Menschen, den B zu töten, und er mit der Ausführung dieser Tat bereits begonnen hatte, liegt ein strafbarer Versuch vor. Er hat sich somit gem. §§ 212, 22 strafbar gemacht.

III. A könnte sich gem. § 303 strafbar gemacht haben, indem er auf den Schatten schoß und den Hund traf.

Dann müßte er eine fremde Sache beschädigt oder zerstört haben. Da Tiere strafrechtlich noch dem Sachbegriff unterfallen, ist auch der Hund des X eine Sache, folglich ist das Tatbestandsmerkmal erfüllt. Diese Sache gehörte dem X, war also für A fremd. Mit der Tötung des Hundes hat A die Sache auch zerstört, so daß der objektive Tatbestand gegeben ist.

Subjektiv ist Vorsatz erforderlich. Das bedeutet, daß der Täter zunächst einmal die Merkmale des objektiven Tatbestandes gekannt hat. Folglich hätte A wissen müssen, daß es sich bei dem angezielten Objekt um eine Sache handelt. Da A jedoch davon ausging, der angezielte Schatten sei der B, also ein Mensch, hatte er keine Kenntnis von dem Tatbestandsmerkmal "Sache". Er handelte gem. § 16 insoweit also nicht vorsätzlich. Eine Strafbarkeit aus § 303 scheidet somit aus.

> Die gem. § 16 Abs. 1 Satz 2 grundsätzlich in Betracht kommende Strafbarkeit wegen fahrlässiger Tat scheidet im Fall des § 303 aus, da fahrlässige Sachbeschädigung nicht strafbar ist.

IV. A könnte sich jedoch gem. § 212 strafbar gemacht haben, indem er auf den X schoß. Der tatbestandliche Erfolg des § 212 ist mit dem Tod des X, eines anderen Menschen, eingetreten. Diesen Erfolg hat A auch in zurechenbarer Weise verursacht.

Subjektiv müßte A vorsätzlich gehandelt haben. Zwar unterliegt A hier einem Irrtum, indem er glaubt, die vor ihm stehende Person sei der B, jedoch weiß er, daß das Objekt, das er anzielt, ein Mensch ist. Da er genau das Objekt trifft, gegen das sein Angriff gerichtet war und er dieses Objekt zutreffend als Mensch erkannte, fehlte ihm nicht die Kenntnis eines Tatumstandes im Sinne des § 16, so daß eine Verantwortlichkeit wegen vorsätzlicher Tatbegehung nicht ausgeschlossen ist. Dieser hier vorliegende sog. error in objecto ist, da angezieltes und getroffenes Objekt gleichwertig sind, unbeachtlich. Folglich hat A auch vorsätzlich gehandelt, Rechtswidrigkeit und Schuld sind ebenfalls gegeben. Mithin hat sich A gem. § 212 strafbar gemacht.

§§§§ §§§§ §§§§ §§§§ §§

Zur Frage, wie sich ein error in objecto des Täters für den Teilnehmer und ein solcher Irrtum des Tatmittlers für den mittelbaren Täter auswirkt, wird im Abschnitt Täterschaft und Teilnahme näher besprochen. - Zur Frage, wie der error in objecto im Rahmen der actio libera in causa zu behandeln ist, siehe am Ende dieses Kapitels.

Irrtum über den Kausalverlauf

Unter diesem Begriff faßt man meist Fälle zusammen, in denen zwar der angestrebte Erfolg eintritt, jedoch auf anderem Weg und auf andere Weise als es sich der Täter vorgestellt hat. Dieser Irrtum ist **kein Unterfall der aberratio ictus**: deren Wesen ist, daß ein anderes als das angezielte Objekt getroffen wird (s.u.). Beim Irrtum über den Kausalverlauf wird dagegen genau das anvisierte Objekt getroffen, aber auf einem anderen Wege als geplant. Die Fälle des Irrtums über den Kausalverlauf wurden bereits oben im Kapitel Kausalität/Zurechnung erörtert.

Hinweis: Der **Irrtum bei der actio libera in causa** wird unten am Ende dieses Kapitels behandelt.

Der **umgekehrte Irrtum** beschreibt Fälle, in denen der Täter irrig Umstände annimmt, die tatsächlich nicht gegeben sind. Dieser Irrtum wirkt versuchsbegründend. Siehe im Kapitel "Versuch", Band 7, Strafrecht AT/2..

Die aberratio ictus

Von den vorstehend erörterten Fällen des error in objecto sind jene der aberratio ictus zu unterscheiden. Deren Wesen ist es, daß der Täter nicht das von ihm anvisierte Tatobjekt, sondern ein vollständig **anderes Objekt** trifft. Diese Fälle werden daher zutreffend auch als Abirrung bezeichnet.

Bsp.: A schießt auf B, um diesen zu töten. Er trifft jedoch den neben B stehenden C.

Ob die Fälle der aberratio ictus tatsächlich Irrtumsproblematik betreffen oder allein dem Vorsatzbereich zuzuordnen sind, mag man unterschiedlich beurteilen. Sie werden überwiegend unter dem Gesichtspunkt des Irrtums über den vorgestellten Kausalverlauf behandelt.

Umstritten ist auch die **Rechtsfolge der aberratio ictus.** Überwiegend ist man der Ansicht,

> **hinsichtlich des angezielten Objektes**
> **liege Versuch vor (sofern strafbar)**
> **bezüglich des tatsächlich getroffenen Objektes**
> **(ggf.) Fahrlässigkeit**

Es ist jedoch zu prüfen, ob nicht ausnahmsweise auch dolus eventualis hinsichtlich des tatsächlich getroffenen Objektes gegeben ist.

Bsp.: Wie im Beispiel zuvor, aber A hatte es für möglich gehalten und billigend in Kauf genommen, daß er ggf.C treffen könnte. Da hier A auch im Hinblick auf den Tod des C mit bedingtem Vorsatz gehandelt hat, liegt versuchter Totschlag an B und vollendeter Totschlag an C vor.

Andere meinen, daß bei rechtlicher Gleichwertigkeit der beiden Objekte vollendete vorsätzliche Tat vorliege (z.B. Puppe, JZ 89, 728).

Dagegen wird allerdings zu Recht eingewandt, daß z.B. bei Tötungsfällen wie im obigen Beispiel der Vorsatz des A allein auf die Tötung des B gerichtet war und der Vorsatz hinsichtlich der Tötung des C gerade fehlte. Bloße Gattungsvorstellungen genügen aber gerade nicht, um einen individualisierten Vorsatz zu begründen. Der Täter will in derartigen Fällen ja gerade das tatsächlich getroffene Objekt nicht verletzen, weil er ein anderes als alleiniges Angriffsziel ausgewählt hat.

Anders ist die Lage nur dann, wenn A tatsächlich vorhatte, aus einer vor ihm stehenden Gruppe "irgendeinen" Menschen zu töten, da er dann dolus eventualis bezüglich der Tötung jeder einzelnen Person gehabt hätte.

Zum gesamten Streitstand und weiteren, abweichenden Ansichten vgl. Sch-Sch-Cramer, § 15, 56; Wessles-Beulke, AT, Rn. 250 ff.

§ 17 besagt, daß ein Täter dann ohne Schuld handelt, wenn ihm bei Begehung der Tat die Einsicht fehlte, er begehe mit seiner Tat Unrecht. Ihm fehlt dann das sog. **Unrechtsbewußtsein**. Dieses Unrechtsbewußtsein ist die Erkenntnis, daß die Tat gegen die verbindliche Wertordnung des Rechts verstößt und daher rechtlich verboten ist. Das bedeutet, daß bloßes Bewußtsein, das Verhalten kollidiere mit sozialen Verhaltensnormen, für das Unrechtsbewußtsein nicht ausreichen kann. Andererseits ist es aber nicht erforderlich, daß der Täter die konkret verletzte Norm exakt kennt oder aktuell um die Strafbarkeit seines Verhaltens weiß. Kennt der Täter die rechtliche Wertordnung, lehnt er sich aber gegen sie z.B. aufgrund einer Gewissensentscheidung oder anderer außerstrafrechtlicher Gründe auf, so wird das Unrechtsbewußtsein nicht berührt. Der Täter handelt schuldhaft und damit strafbar.

Nicht erforderlich ist in subjektiver Hinsicht, daß der Täter aktuell in dem Bewußtsein handelt, er verstoße gegen das Recht. Ähnlich wie beim Vorsatz ist auch hier ausreichend, daß der Täter ein entsprechendes sachgedankliches Mitbewußtsein hat. Dabei genügt es, wenn er es für möglich hält, Unrecht zu tun.

Handelt der Täter ohne Unrechtsbewußtsein, so befindet er sich in einem **Verbotsirrtum**, der den Vorsatz unberührt läßt, aber die Schuld ausschließt. Dies gilt allerdings nur dann, wenn der Täter diesen Irrtum nicht vermeiden konnte. **Bei Vermeidbarkeit des Irrtums** kann allerdings die Vorsatzstrafe gem. § 49 Abs.1 gemildert werden.

Für die Frage, **ob der Irrtum vermeidbar war**, ist nach der **Rechtsprechung** (z.B. BGHSt 4, 1) darauf abzustellen,

> ob der Täter nach seinen individuellen Fähigkeiten
> unter Einsatz aller seiner Erkenntnisquellen
> hätte zur Einsicht kommen können, er verwirkliche Unrecht

Die Literatur meint dagegen, Unvermeidbarkeit des Irrtums liege vor, wenn der Täter keinen Anlaß hatte, sich zu informieren oder wenn er trotz sorgfältiger Prüfung keine Unrechtskenntnis erlangt hat oder hätte erlangen können.

Vgl. z.B. Lackner-Kühl, § 17, 7 m.w.N.

Sehr problematisch in diesem Zusammenhang ist, inwieweit einem Täter die Unkenntnis solcher Normen zur Last gelegt werden kann, die für spezielle Tätigkeiten, die gerade ihn betreffen, erlassen sind, z.B. Steuerberater, Kraftfahrer. Weitgehend ungeklärt ist auch noch, welcher Stellenwert unrichtigen Rechtsauskünften und einer, insbesondere im Steuerrecht, widersprüchlichen Rechtsprechung für die Frage der Vermeidbarkeit des Verbotsirrtums zukommt.

Näheres dazu bei Sch-Sch-Cramer, § 17, 12-19.

Als Verbotsirrtum wird auch der sog. **Erlaubnisirrtum** angesehen. Dieser ist zu unterscheiden vom Erlaubnistatbestandsirrtum.

Der **Erlaubnisirrtum umfaßt zwei Fälle:**

> **1. der Täter meint, er sei gerechtfertigt und stützt sich dabei auf einen rechtlich nicht anerkannten Rechtfertigungsgrund**

> **2. der Täter verkennt die Grenzen eines rechtlich anerkannten Rechtfertigungsgrundes**

Der **Erlaubnistatbestandsirrtum** hingegen betrifft Fälle,

> **in denen sich der Täter Tatumstände vorgestellt hat, die, lägen sie tatsächlich vor, einen anerkannten Rechtfertigungsgrund ausfüllen würden**

Fall 18:
Lehrer L ärgert sich ständig über die Unterrichtsstörungen durch Schülers S. Als dieser erneut negativ auffällt, greift sich L den S und versetzt ihm eine leichte Ohrfeige mit dem Bemerken, daß ihn das eher zur Ruhe bringe als die ständigen Ermahnungen. Die Eltern des S stellen Strafantrag. - Strafbarkeit des L?

Lösungsvorschlag

L könnte sich gem. § 223 strafbar gemacht haben, indem er dem S eine Ohrfeige versetzte.

Auch die leichte Ohrfeige wird bei S leichte Schmerzen verursacht und folglich das körperliche Wohlbefinden des S beeinträchtigt haben. Da dies auch nicht ganz unerheblich gewesen sein dürfte - anders war der Züchtigungszweck des L nicht zu erreichen -, liegt eine körperliche Mißhandlung i.S.d. § 223, verursacht durch L, vor. Der objektive Tatbestand ist mithin erfüllt.

Da L den S auch körperlich mißhandeln wollte, hat er auch vorsätzlich gehandelt.

Damit wäre sein Verhalten auch rechtswidrig, es sei denn, es griffe ein Rechtfertigungsgrund ein.

In Betracht käme hier allenfalls eine Rechtfertigung aus einem Züchtigungsrecht des L. Ob es allerdings einen solchen Rechtfertigungsgrund gibt, ist problematisch und umstritten.

Während früher ein Züchtigungsrecht des Lehrers anerkannt war, hat sich in den vergangenen Jahren eine starke Gegenansicht gebildet. In dienstrechtlicher Hinsicht ist es durch Landesrecht fast allgemein aufgehoben. Dies freilich vermag die Frage strafrechtlicher Rechtfertigung noch nicht zu beeinflussen.

Die Rechtsprechung des BGH ging ursprünglich von der Existenz eines Züchtigungsrechtes als Rechtfertigungsgrund aus. Doch zeigen neuere Entscheidungen des BGH ein vorsichtiges Abrücken von dieser Position. Andererseits gehen noch jüngere obergerichtliche Entscheidungen von der Geltung eines rechtfertigenden Züchtigungsrechtes unter bestimmten, recht engen Voraussetzungen aus.

Die Literatur lehnt dagegen wohl einhellig das Züchtigungsrecht als Rechtfertigungsgrund ab.

Da die Voraussetzungen für ein Züchtigungsrecht hier mit der Ahndung eines Fehlverhaltens zum Zwecke der Erziehung in erforderlicher und angemessener Form, getragen von einem Erziehungswillen, vorliegen, gelangt zumindest der Teil der Rechtsprechung, der ein rechtfertigendes Züchtigungsrecht anerkennt, zur Rechtfertigung des L. Somit gelangen die verschiedenen Ansichten zu unterschiedlichen Ergebnissen, so daß der Streit zu entscheiden ist.

Das Züchtigungsrecht findet keine Grundlage im Gesetz, sondern ist allenfalls auf Gewohnheitsrecht zurückzuführen.

Dazu aber wäre es nötig, daß auch heute noch dieses Institut von der Mehrheit der Bevölkerungsmeinung getragen wird. Ein starkes Indiz dafür, daß dies gerade nicht der Fall ist, sind die verwaltungsinternen Vorschriften sowie einige landesrechtlich normierte Züchtigungsverbote für Lehrer. In der darin liegenden Änderung der Verwaltungspraxis kommt auch die Änderung des Volksbewußtseins zum Ausdruck. Außerdem spricht gegen ein Züchtigungsrecht, daß es nach dem heutigen Stand der Pädagogik höchst fragwürdig ist, ob Züchtigungen einen pädagogischen Zweck erfüllen können. Auch verfassungsrechtliche Bedenken im Hinblick auf die Beeinträchtigung der körperlichen Unversehrtheit und die Menschenwürde werden zu Recht gegen die Geltung eines rechtfertigenden Züchtigungsrechtes angeführt.

Folglich ist davon auszugehen, daß das Züchtigungsrecht heute keinen anerkannten Rechtfertigungsgrund mehr darstellt. Also ist L nicht durch ein solches Züchtigungsrecht gerechtfertigt. Da andere Rechtfertigungsgründe nicht ersichtlich sind, handelte L rechtswidrig und damit auch schuldhaft, es sei denn, seine Schuld wäre hier ausnahmsweise nicht gegeben.

Entschuldigungsgründe sind nicht ersichtlich, aber die Schuld des L könnte gem. § 17 entfallen, wenn er in einem unvermeidbaren Verbotsirrtum gehandelt hätte.

In Betracht käme hier ein Verbotsirrtum in Form des Erlaubnisirrtums. Dann müßte L über das Bestehen eines rechtlich nicht anerkannten Rechtfertigungsgrundes geirrt haben.

Bei lebensnaher Auslegung des Sachverhaltes kann davon ausgegangen werden, daß L z.Zt. der Tat annahm, ihm sei das Ohrfeigen aufgrund eines Züchtigungsrechtes gestattet. Das Züchtigungsrecht ist aber, wie oben festgestellt, als Rechtfertigungsgrund heute nicht mehr anerkannt. Folglich befand sich L in einem Erlaubnisirrtum, der gem. § 17 als Verbotsirrtum behandelt wird.

Ohne Schuld hätte L aber nur dann gehandelt, wenn dieser Irrtum für ihn unvermeidbar war. Dies wäre der Fall, hätte L auch bei gehöriger Anspannung seines Gewissens und Ausschöpfung aller zumutbaren Erkenntnisquellen nicht zur Einsicht gelangen können, Unrecht zu tun. Dies ist hier problematisch.

Einerseits legen es die einem Lehrer bekannten Verwaltungsvorschriften nahe, daß eine Züchtigung auch strafrechtlich nicht gestattet ist.

Andererseits sind sich selbst Juristen heute nicht einig, ob das Züchtigungsrecht rechtfertigend wirkt oder nicht (siehe oben). Dies zeigt sich insbesondere an sich widersprechenden Urteilen auch höherer Gerichte. Selbst bei einer rechtlichen Erkundigung wäre es also rein zufällig gewesen, ob man L erklärt hätte, er begehe Unrecht oder nicht, je nach dem, welche Meinung die betreffende Auskunftsperson gerade vertritt. Somit spricht insbesondere diese unklare und für einen Laien auch bei Erkundigung nicht abschätzbare Rechtslage für die Unvermeidbarkeit des Irrtums.

Folglich handelte L ohne Schuld.

Er hat sich somit nicht gem. § 223 strafbar gemacht.

Freilich ließe sich bei dieser Sachlage auch das gegenteilige Ergebnis ohne weiteres argumentativ begründen. - Vgl. näher zu der Frage der Vermeidbarkeit des Verbotsirrtums bei unklarer Rechtslage, sich widersprechenden Gerichtsentscheidungen etc.: Rudolphi, SK, § 17, 35 ff.

§§§§§§ §§§§ §§§§ §§§§ §§§§

Fall 19:

A hat gehört, B wolle ihm das Auto beschädigen. Um dies zu verhindern, sucht er den B auf und verprügelt ihn unter Hinweis auf die (tatsächlich) geplante Tat. - Strafbarkeit des A?

Lösungsvorschlag

A könnte sich gem. § 223 strafbar gemacht haben, indem er den B verprügelte.

Durch das Verprügeln hat A das körperliche Wohlbefinden des B in nicht unerheblicher Weise beeinträchtigt, also den objektiven Tatbestand des § 223 erfüllt. Da es ihm darauf auch gerade ankam, hatte er direkten Vorsatz 1.Grades.

Damit hätte A auch rechtswidrig gehandelt, es sei denn, es griffen Rechtfertigungsgründe ein. In Betracht käme hier Notwehr. Dann müßte von B ein gegenwärtiger rechtswidriger Angriff ausgegangen sein. Die von B geplante Beschädigung des Fahrzeuges hätte das Eigentum des A, also eines seiner Rechtsgüter verletzt. Diese Rechtsgutverletzung ginge auch von einem Menschen aus, so daß die Voraussetzungen für einen Angriff vorliegen.

Dieser müßte jedoch gegenwärtig gewesen sein. Gegenwärtig ist ein Angriff, der unmittelbar bevorsteht, gerade andauert oder noch nicht abgeschlossen ist. Zwar war hier die Beschädigung des Autos tatsächlich von B geplant, jedoch läßt sich dem Sachverhalt nicht entnehmen, daß B bereits irgendwelche Anstalten getroffen hatte, sein Vorhaben in die Tat umzusetzen. Folglich stand ein Angriff auf das Eigentum des A noch nicht unmittelbar bevor. Demnach fehlt es an der Gegenwärtigkeit, so daß Notwehr schon deshalb ausscheidet.

Da andere Rechtfertigungsgründe nicht ersichtlich sind, handelte A auch rechtswidrig. Somit hätte A auch schuldhaft gehandelt, es sei denn, seine Schuld wäre hier ausnahmsweise ausgeschlossen.

Ein Schuldausschluß käme hier gem. § 17 in Betracht. Dann müßte sich A in einem Verbotsirrtum in Form eines Erlaubnisirrtums befunden haben. In Frage kommt hier der Fall, daß der Täter die tatsächlichen Grenzen eines rechtlich anerkannten Rechtfertigungsgrundes überschreitet.

Der Rechtfertigungsgrund, auf den sich A hier stützt, ist die Notwehr gem. § 32. Diese stellt einen anerkannten Rechtfertigungsgrund dar, sie wird jedoch durch ihre Tatbestandsmerkmale hinsichtlich ihres Anwendungsbereiches eingeschränkt.
   In zeitlicher Hinsicht geschieht dies durch das Merkmal der Gegenwärtigkeit. Da man bei lebensnaher Auslegung des Sachverhaltes davon ausgehen kann, daß A meinte, auch in Fällen wie dem vorliegenden sei Notwehr schon erlaubt, kann man folgern, daß er annahm, das Merkmal der Gegenwärtigkeit sei noch erfüllt.

Da jedoch hier kein Angriff unmittelbar bevorstand, sondern lediglich die Planung zu einem Angriff vorhanden war, das Planungsstadium jedoch noch nicht von der Notwehr erfaßt wird, hat A die Grenzen eines anerkannten Rechtfertigungsgrundes verkannt und befand sich somit in einem Erlaubnisirrtum, der gem. § 17 zu behandeln ist.

Ohne Schuld hätte A dann gehandelt, wenn dieser Irrtum für ihn unvermeidbar gewesen wäre. Bei gehöriger Anspannung seines Gewissens und Ausschöpfung aller Erkenntnisquellen hätte sich A hier z.B. durch Nachfrage bei einem Rechtskundigen Gewißheit verschaffen können, ob sein Verhalten noch rechtmäßig sein würde. Selbst bei bloßer Anspannung seines Gewissens hätte er darauf kommen müssen, daß präventive Maßnahmen, wie die seinige, nicht mehr von dem sehr harten Rechtfertigungsgrund der Notwehr erfaßt sein können. Folglich war dieser Irrtum für A vermeidbar, somit handelte er nicht ohne Schuld.

Damit hat sich A gem. § 223 strafbar gemacht, seine Strafe kann jedoch gem. §§ 17 S.2, 49 I gemildert werden.

§§§§§ §§§§ §§§§ §§§§ §§§

Der Irrtum über rechtfertigende Umstände

Der Irrtum über rechtfertigende Umstände wird auch **Erlaubnisstatbestandsirrtum** genannt. Dieser Fall des Irrtums ist im Gesetz nicht ausdrücklich geregelt, seine Behandlung hat der Gesetzgeber bewußt offen gelassen.

Er beschreibt Fälle,

> **in denen der Täter Tatumstände annimmt,**
> **die, lägen sie tatsächlich vor,**
> **einen anerkannten Rechtfertigungsgrund erfüllen würden**

Mit anderen Worten: der Täter stellt sich einen Sachverhalt vor, der, wenn er tatsächlich so existiert hätte, wie er ihn sich vorstellte, einen Rechtfertigungsgrund ausfüllen würde.

Anders als der Erlaubnisirrtum (vgl. oben) liegt hier der **Irrtum auf der Sachverhaltsebene**, nicht also in einer unzutreffenden rechtlichen Bewertung.

Die Behandlung des Erlaubnisstatbestandsirrtums ist stark umstritten.

Nach der früher weithin vertretenen Vorsatztheorie ist das Unrechtsbewußtsein der Kern des Vorsatzes. Daher lasse jeglicher Irrtum, der das Unrechtsbewußtsein berühre, stets den Vorsatz entfallen. Also handelt ein Täter, der sich im Erlaubnisstatbestandsirrtum befindet, danach stets vorsatzlos, fehlt ihm doch, da er sich gerechtfertigt wähnt, die Einsicht, Unrecht zu tun. Ganz überwiegend ist man allerdings der Ansicht, die Vorsatztheorie sei seit Einführung des § 17 ins StGB nicht mehr haltbar, da diese Vorschrift gerade darlege, daß fehlendes Bewußtsein der Rechtswidrigkeit den Vorsatz nicht berühre. Die Vorsatztheorie wird gleichwohl in verschiedenen Nuancierungen immer noch vertreten (so z.B. von Schmidhäuser, NJW 1975, 1807; ders. AT 5/6, 7/36, 7/89; Otto, Grundkurs AT, § 7 Rn.59, 68 ff; § 15 Rn. 5 ff).

Die **strenge Schuldtheorie** nimmt in Fällen des Erlaubnisstatbestandsirrtums einen **Verbotsirrtum nach § 17** an. Sie begründet ihr Ergebnis damit, daß der Täter beim Irrtum über rechtfertigende Umstände in gleicher Weise wie beim Verbotsirrtum die Umstände kenne, die den objektiven Tatbestand des jeweiligen Deliktes erfüllen. Sie meint weiter, nur auf diese Merkmale müsse sich der jeweilige Tatvorsatz beziehen. Folglich könne ein Irrtum, der die Rechtfertigung betreffe, keine Auswirkung auf den Vorsatz haben. Denn ebenso wie die Rechtfertigung nicht die Tatbestandsmäßigkeit, sondern nur die Rechtswidrigkeit beeinflussen könne, lasse die irrige Annahme der Voraussetzungen eines Rechtfertigungsgrundes nicht den Tatbestandsvorsatz, sondern nur das Bewußtsein der Rechtswidrigkeit - kein Teil des Vorsatzes - entfallen. Daher sei der Erlaubnisstatbestandsirrtum als Verbotsirrtum zu behandeln.

Die heute weit überwiegende Auffassung, die sog. **eingeschränkte Schuldtheorie,** meint demgegenüber, daß in Fällen des Irrtums über rechtfertigende Umstände jedenfalls keine Bestrafung aus dem Vorsatzdelikt erfolgen könne. Strittig ist unter den Anhängern dieser Ansicht aber, wie das Ergebnis dogmatisch zu begründen ist.

So die heute wohl h.M.: BGHSt 3, 105; 199; Lackner-Kühl, § 17, 100 m.w.N.

Die Lehre von den negativen Tatbestandsmerkmalen (LNT) will § 16 unmittelbar anwenden. Sie geht davon aus, daß unter Tatbestand i.S.d. § 16 ein Unrechtstatbestand zu verstehen sei, der aus dem eigentlichen Tatbestand und der Rechtswidrigkeit bestehen soll. Zum Vorliegen des Unrechtstatbestandes gehören nach dieser Lehre einmal die objektiven und subjektiven Merkmale des Tatbestandes im Sinne des traditionellen dreistufigen Aufbaus. Diese Merkmale müssen gegeben sein, also positiv vorliegen.

Weiter ist zur Erfüllung des tatbestandlichen Unrechts nach der LNT aber auch erforderlich, daß solche Umstände, die das Unrecht ausschließen, also Rechtfertigungsgründe, fehlen. Diese Merkmale haben somit für den Unrechtstatbestand eine ausschließende, negative Funktion, daher nennt man sie negative Tatbestandsmerkmale. Da es sich also nach dieser Lehre bei den Rechtfertigungsmerkmalen zwar um negative Tatbestandsmerkmale, aber damit überhaupt um Tatbestandsmerkmale i.S.d. § 16 handeln soll, führt fehlende Kenntnis in Bezug auf diese Rechtfertigungsmerkmale zur fehlenden Kenntnis von Tatbestandsmerkmalen und deshalb unmittelbar zum Tatbestandsirrtum nach § 16.

Näheres bei Samson, WuV, Strafrecht I, Fall 25.

Andere Vertreter der eingeschränkten Schuldtheorie meinen, **§ 16 Abs.1 S.1 sei analog** anzuwenden. Dementsprechend entfalle der Vorsatz in Fällen der Vorstellung rechtfertigender Umstände.

Auch unter deren Anhänger gibt es verschiedene Ansichten. So wird z.T. vertreten, es entfalle nicht der Vorsatz, sondern das Vorsatzunrecht. Wieder andere meinen, es entfalle der Handlungsunwert der Vorsatztat.

Schließlich wird auch vertreten, daß § 16 weder direkt noch analog anzuwenden, sondern lediglich **hinsichtlich der Rechtsfolgen** dem in § 16 geregelten Tatumstandsirrtum gleichzustellen sei. Danach soll beim Irrtum über rechtfertigende Umstände zwar nicht der Tatvorsatz, aber die Vorsatzschuld entfallen. Z.T. wird auch lediglich die Rechtsfolge des § 16 Abs.1 angewendet.

Zu den Argumenten für die einzelnen Auffassungen und zu deren dogmatischer Begründung siehe Rudolphi, SK, § 16, 9 ff; Sch-Sch-Cramer, § 16, 13 ff; Samson, WuV, Strafrecht I, S. 115 ff; Wessels-Beulke, AT, Rn. 473 ff.

Daneben gibt es noch eine Vielzahl weiterer Ansätze, die sich nur bedingt in die vorstehenden Fallgruppen einordnen lassen. Siehe dazu den Überblick bei Wessels-Beulke, AT, Rn. 480.

Hinweis: Dies kann nur ein grober Überblick über die Problematik sein, der für eine Klausur hinreichen mag, für eine Hausarbeit sicherlich aber nicht. Dort ist dann differenziert auch auf einzelne Spielarten der jeweiligen Ansichten einzugehen.

Klausurtip:

Der vorstehend dargestellte Streit zwischen eingeschränkter und strenger Schuldtheorie wirkt sich jedoch in der Fallbearbeitung nur aus, wenn die strenge Schuldtheorie zu dem Ergebnis gelangt, daß ein vermeidbarer Verbotsirrtum vorliegen würde. Dann gelangt sie zur Strafbarkeit mit bloßer Milderungsmöglichkeit. In allen anderen Fällen gelangt sie ebenso wie die eingeschränkte Schuldtheorie in allen ihren Spielarten im Endergebnis jedenfalls zur Straflosigkeit des Täters wegen vorsätzlicher Tatbegehung.

Hat man bei der Bearbeitung eines Falles auf das Problem des Irrtums über rechtfertigende Umstände einzugehen, so ist zunächst darauf zu achten, daß exakt herausgearbeitet wird, daß es sich tatsächlich um einen derartigen Irrtum handelt. Dazu sollte man zweckmäßigerweise gedanklich in mehreren Stufen vorgehen:

1. Feststellen, welche Vorstellung der Täter exakt aufwies. Dies gilt es genau herauszuarbeiten, da man nur so abgrenzen kann, ob es sich um einen Irrtum über rechtfertigende Umstände, einen Irrtum über die Grenzen eines anerkannten Rechtfertigungsgrundes oder um die Annahme eines nicht anerkannten Rechtfertigungsgrundes handelt.

2. Man unterstellt, daß diese Vorstellung des Täters richtig sei. Man fragt sodann, ob diese vorgestellte Sachlage einen anerkannten Rechtfertigungsgrund ausfüllen würde, z.B. ob sich der Täter einen gegenwärtigen, rechtswidrigen Angriff vorstellte und die dagegen geübte Verteidigung erforderlich war. Nur wenn dies der Fall ist, liegen die Voraussetzungen des Irrtums über rechtfertigende Umstände vor. Dann, und nur dann, kann

3. auf den Streit um die Behandlung dieses Irrtums eingegangen werden. Dabei sollte man zweckmäßigerweise zunächst die strenge Schuldtheorie untersuchen und feststellen, ob diese zu einem vermeidbaren oder einem unvermeidbaren Verbotsirrtum gelangt. Sodann ist kurz in ihren wesentlichen Aussagen die eingeschränkte Schuldtheorie mit ihren verschiedenen Varianten darzustellen und das jeweilige Ergebnis für den vorliegenden Fall herauszuarbeiten. Nach allen Varianten der eingeschränkten Schuldtheorie kommt es beim Irrtum über rechtfertigende Umstände zum Ausschluß der Vorsatzstrafe.

Umstritten ist allein, ob tatsächlich der Tatvorsatz, nur die Vorsatzschuld oder lediglich die Vorsatzstrafe entfällt. Gelangt im konkreten Fall die strenge Schuldtheorie ebenfalls zur Straflosigkeit, weil sie einen unvermeidbaren Verbotsirrtum annimmt, der gem. § 17 zum Schuldausschluß führt, so ist es gut vertretbar und aus ökonomischen Gesichtspunkten in der Fallbearbeitung auch geboten, auf eine Streitentscheidung zu verzichten.

Zwar kommen die verschiedenen Ansichten an verschiedenen Stellen des Deliktsaufbaus zur Begründung der Straflosigkeit des Vorsatzdelikts durch diesen Irrtum, jedoch spielt das, da regelmäßig nur nach der Strafbarkeit des Täters gefragt ist, für das Ergebnis keine Rolle, so daß unter diesem Gesichtspunkt auf eine Streitentscheidung zu verzichten ist.

Der Streit ist nur dann teilweise zu entscheiden, wenn die strenge Schuldtheorie einen vermeidbaren Verbotsirrtum annimmt, da sie dann gem. § 17 S.2 zur Strafbarkeit mit Milderungsmöglichkeit nach § 49 gelangt. Man hat dann jedoch nur zwischen der strengen Schuldtheorie einerseits und den eingeschränkten Schuldtheorien andererseits zu entscheiden.

Einer Entscheidung innerhalb der verschiedenen Spielarten der eingeschränkten Schuldtheorie bedarf es nur, wenn Teilnahme an der Irrtumstat in Frage steht. Da es für eine Teilnahme einer vorsätzlichen rechtswidrigen Tat bedarf, kommt allein die rechtsfolgeneinschränkende Variante der eingeschränkten Schuldtheorie hier zu dem Ergebnis, daß eine ausreichende Haupttat vorliegt.

Fall 20:
A trifft seinen Widersacher B, der ihm schon mehrfach gedroht hatte, er werde ihn töten, träfe er ihn allein. A glaubt, dieser Moment sei gekommen, als B auf ihn zugeht. Er ergreift, da er keine andere Möglichkeit sieht, um sich zu wehren einen großen Stein und schleudert ihn B an den Kopf. B bricht schwerverletzt zusammen. Später stellt sich heraus, daß B dem A lediglich vorschlagen wollte, die Streitigkeiten endlich zu beenden. Strafbarkeit des A?

Lösungsvorschlag

A könnte sich gem. § 223 strafbar gemacht haben, indem er B den Stein an den Kopf schleuderte.

Da nach dem Sachverhalt B schwer verletzt wird, ist sowohl eine Beeinträchtigung des körperlichen Wohlbefindens, also eine körperliche Mißhandlung, wie auch eine Gesundheitsbeschädigung anzunehmen.

Da A den Stein dem B offenbar gezielt an den Kopf schleuderte, wird er mit dem Eintreten von Verletzungsfolgen und damit von körperlicher Mißhandlung und Gesundheitsbeschädigung zumindest gerechnet und dies auch billigend in Kauf genommen haben. Der Tatbestand des § 223 ist somit erfüllt.

Damit hätte A auch rechtswidrig gehandelt, es sei denn, es griffen Rechtfertigungsgründe ein. In Betracht käme hier Notwehr gem. § 32. Diese setzt zunächst einen Angriff voraus, also eine von einem Menschen ausgehende Rechtsgutbeeinträchtigung. Da B jedoch nur ein Gespräch mit A suchte, er dessen Rechtsgüter also nicht beeinträchtigen wollte, fehlt es schon an dem für § 32 erforderlichen Angriff. Damit scheidet eine Rechtfertigung durch Notwehr aus. Da somit auch keine Gefahr für ein Rechtsgut des A bestand, das Vorliegen einer solchen Gefahr aber für alle sonst in Betracht kommenden Rechtfertigungsgründe Voraussetzung ist, fehlt es an einem Rechtfertigungsgrund für A.

Problematisch ist jedoch, daß hier lediglich die objektiven Voraussetzungen der Notwehr fehlen, denn subjektiv stellte A sich vor, er werde angegriffen. Fraglich ist also, ob diese Vorstellung das Unrecht der Tat in subjektiver Hinsicht entfallen lassen kann.

Dies könnte nur dann der Fall sein, wenn A sich in einem Irrtum über rechtfertigende Umstände befunden hätte. Ein solcher Irrtum liegt vor, wenn der Täter meint, es existiere ein Sachverhalt, bei dem, läge er tatsächlich vor, ein anerkannter Rechtfertigungsgrund eingreifen würde.

In Betracht käme hier die Vorstellung einer Notwehrsituation. A glaubte, er solle von B, einem Menschen, getötet, also in seinem Rechtsgut Leben verletzt werden. A stellte sich also einen Angriff seitens des B vor, zu dem B seinerseits nicht berechtigt, der folglich rechtswidrig war. Ferner stellte sich A vor, daß dieser Angriff gerade beginnen würde, womit auch Gegenwärtigkeit gegeben wäre. Folglich hat sich A eine Notwehrlage gem. § 32 vorgestellt.

Dem Sachverhalt zufolge hat A auch keine andere Möglichkeit der Erfolgsabwendung gesehen, so daß anzunehmen ist, daß er meinte, das mildeste aller geeigneten Mittel zur Abwehr des vermeintlichen Angriffs einzusetzen. Mithin wies A auch die Vorstellung vom Merkmal der Erforderlichkeit auf. Schließlich handelte er auch, um sich zu verteidigen, so daß auch das subjektive Rechtfertigungselement gegeben ist.

Demnach hatte A eine Vorstellung, die, wenn sie richtig gewesen wäre, die Voraussetzungen des § 32 erfüllt hätte. Also befand er sich in einem Irrtum über rechtfertigende Umstände.

Fraglich und umstritten ist, wie ein derartiger Irrtum rechtlich einzuordnen und zu behandeln ist.

Nach der früher weithin, heute nur noch vereinzelt vertretenen Vorsatztheorie läßt jeglicher Irrtum den Tatvorsatz entfallen. Danach scheidet hier eine Strafbarkeit des A wegen Körperverletzung aus.

Die strenge Schuldtheorie besagt, in Fällen des Erlaubnistatbestandsirrtums liege ein Fall des Verbotsirrtums gem. § 17 vor. Danach hätte A nur dann schuldhaft gehandelt, wenn sein Irrtum vermeidbar gewesen wäre. Angesichts der Vorgeschichte und des vermutlich relativ raschen Geschehensablaufes wird für A kaum die Möglichkeit bestanden haben, große Aufklärung zu erreichen, wollte er nicht Gefahr laufen, von B, wie von diesem angekündigt, getötet zu werden. Daher spricht hier viel dafür, daß der Irrtum für A unvermeidbar war.

Freilich mag der recht offene Sachverhalt auch eine andere Interpretation zulassen. Letztlich ist es Tatfrage, welche Möglichkeiten zur Aufklärung und damit zur Vermeidung des Irrtums dem B tatsächlich zugestanden haben. Bei entsprechender Argumentation ist daher auch gut das gegenteilige Ergebnis vertretbar.

Folglich hat A nicht schuldhaft gehandelt, so daß auch nach dieser Ansicht eine Bestrafung wegen Körperverletzung ausschiede.

Die eingeschränkte Schuldtheorie besagt dagegen, daß bei einem Irrtum über rechtfertigende Umstände jedenfalls keine Bestrafung aus dem Vorsatzdelikt erfolgen könne. Umstritten ist allerdings unter den Anhängern dieser Ansicht, auf welchem Wege dieses Ergebnis erzielt werden kann. Nach der Lehre von den negativen Tatbestandsmerkmalen soll § 16 unmittelbar anzuwenden sein. Damit entfiele dann der Tatvorsatz.

Andere wollen hingegen § 16 Abs.1 S.1 analog anwenden und kommen so ebenfalls zum Vorsatzausschluß, während eine dritte Ansicht § 16 weder direkt noch analog anwenden will, sondern lediglich hinsichtlich der Rechtsfolge den Erlaubnistatbestandsirrtum dem Tatumstandsirrtum gleichsetzen will. Danach soll nur die Vorsatzschuld bzw. -strafe entfallen.

Mithin gelangen einige der Ansichten zum Vorsatzausschluß, die strenge Schuldtheorie zum Fehlen des Unrechtsbewußtseins und eine Spielart der eingeschränkten Schuldtheorie zur bloßen Straflosigkeit. Zwar gelangen damit die Ansichten zu unterschiedlichen Ergebnissen, so daß eine Streitentscheidung eigentlich erforderlich wäre. Da jedoch alle Meinungen letztendlich zur Straflosigkeit des A gelangen, ist hier dennoch eine Streitentscheidung entbehrlich. Es genügt vielmehr an dieser Stelle festzustellen, daß jedenfalls eine Bestrafung des A aus § 223 entfällt.

Folglich hat sich A nicht gem. § 223 wegen einer Körperverletzung strafbar gemacht.

Die nunmehr zu prüfende fahrlässige Körperverletzung muß bei entsprechender Argumentation wie oben bei der Vermeidbarkeit des Verbotsirrtums ebenfalls an der im Rahmen der Fahrlässigkeit zu prüfenden Vorhersehbarkeit und Vermeidbarkeit scheitern. Das Fahrlässigkeitsdelikt soll hier, da noch nicht behandelt, nicht näher erörtert werden.

§§§§§ §§§§ §§§§ §§§§

Für den Fall, daß eine Streitentscheidung zwischen den verschiedenen Ansichten zum Erlaubnistatbestandsirrtum erforderlich sein sollte (dies kann namentlich bei Teilnahmefällen in Betracht kommen), ist eine umfangreiche, oft schwierige Argumentation erforderlich.

Die Lehre von den negativen Tatbestandsmerkmalen begründet ihr Ergebnis der direkten Anwendung des § 16 damit, daß sich Tatbestands- und Rechtfertigungsebene derart unterscheiden, daß im Tatbestand solche Umstände beschrieben werden, die positiv vorliegen müssen, um Unrecht zu begründen, während Rechtfertigungsgründe solche Umstände beschreiben, die gerade fehlen müssen, damit Unrecht vorliege. Nur beide Merkmale zusammen, die einen positiv, die anderen negativ, führten zum Unrecht der Tat. Folglich habe man von einem einheitlichen Unrechtstatbestand auszugehen, der den Tatbestand im herkömmlichen Sinne und die Rechtswidrigkeit umfasse.

Die Lehre von den negativen Tatbestandsmerkmalen gelangt so gedanklich zu einem zweistufigen Deliktsaufbau, der einen (Gesamt)Unrechtstatbestand, bestehend aus positiven (den herkömmlichen Tatbestandsmerkmalen) und negativen Umständen (fehlende Rechtfertigungsgründe) und die Schuld als zweite Stufe beinhaltet. Liege nun ein Irrtum vor, der den Bereich der Rechtswidrigkeit betreffe, handele es sich um einen Irrtum, der die negativen Umstände des (Gesamt)Unrechtstatbestandes betreffe. Da diese negativen Umstände, ebenso wie die positiven, Tatbestandsmerkmale des einheitlichen Unrechtstatbestandes seien, handele es sich um einen Tatumstandsirrtum, der nach § 16 zu würdigen sei.

Die überwiegende Ansicht, die § 16 analog anwenden will, wird u.a. damit begründet, daß sich der Täter "an sich rechtstreu" verhalte. Ebenso wie derjenige, der ein Tatbestandsmerkmal nicht kenne (Fall der unmittelbaren Anwendung des § 16 Abs.1), bewege sich auch der im Erlaubnistatbestandsirrtum handelnde Täter subjektiv auf dem Boden des Rechts. Er halte sein Handeln ja für erlaubt, wolle sich damit eigentlich im Einklang mit dem Recht verhalten und müsse daher entsprechend der Wertung des § 16 Abs.1 von der Bestrafung wegen vorsätzlicher Tat befreit bleiben.

Vgl. zu den weiteren Argumenten: Samson, WuV, Bd.1, Strafrecht I, Fall 25.

☞‼ **Beachten Sie:**

Nimmt man mit der eingeschränkten Schuldtheorie an, daß jedenfalls die Vorsatzstrafe beim Irrtum über rechtfertigende Umstände entfällt, so ist zu prüfen, ob der Irrtum über die Voraussetzungen des Rechtfertigungsgrundes auf Fahrlässigkeit beruht. Ist dies der Fall, so kann die Bestrafung aus einem eventuell vorhandenen Fahrlässigkeitstatbestand erfolgen.

Irrtum über privilegierende Tatbestandsmerkmale

Dieser Irrtum ist in § 16 Abs.2 geregelt. Er behandelt Fälle, in denen der Täter zu Unrecht glaubt, sein Verhalten verwirkliche einen milderen Tatbestand. Nach § 16 Abs.2 kann eine Bestrafung dann nur aus dem milderen Tatbestand erfolgen.

Bsp.: Der Täter für seine Tötung sei ein ernsthaftes Verlangen gegeben, was aber tatsächlich nicht der Fall ist. - Er ist nur aus § 216 und nicht aus § 212.

Nicht im Gesetz geregelt ist der Fall, daß der Täter ein tatsächlich gegebenes privilegierendes Merkmal nicht kennt. Zur Behandlung dieser Fälle siehe Sch-Sch-Cramer, § 16, 27.

Irrtum über die Voraussetzungen eines Entschuldigungsgrundes

Der Irrtum über die Voraussetzungen eines Entschuldigungsgrundes hat im Gesetz zwar keine allgemeine Regelung erfahren, jedoch ist er für den Fall des § 35 in dessen Abs.2 ausdrücklich geregelt. Aus dieser Regelung ergibt sich, daß in Fällen, in denen der Täter irrig Umstände annimmt, die, lägen sie vor, den Entschuldigungsgrund des § 35 Abs.1 erfüllen würden, nur dann schuldhaft handelt und bestraft werden kann, wenn er diesen Irrtum vermeiden konnte. War der Irrtum unvermeidbar, so soll er ebenso behandelt werden, als läge tatsächlich eine Notstandslage vor.

Für andere Entschuldigungsgründe als § 35 Abs.1 gibt es keine gesetzliche Regelung. Der Irrtum über die Voraussetzungen eines Entschuldigungsgrundes wird nicht durch § 16 erfaßt, da dieser Irrtum den Vorsatz unberührt läßt, denn die entschuldigenden Umstände gehören nicht zum Unrechtstatbestand. Da die anderen Entschuldigungsgründe, insbesondere der übergesetzliche entschuldigende Notstand, die gleiche Struktur aufweisen wie der Notstandsfall, der in § 35 geregelt ist, sollen die Grundsätze des § 35 Abs.2 auch auf diese Fälle in entsprechender Weise Anwendung finden.

H.M., vgl. Wessels-Beulke, AT, Rn. 489 m.w.N.

Für die Fallbearbeitung ist zu beachten, daß auch hier stets zunächst geprüft werden muß, ob der Täter sich eine Lage vorstellt, die die Voraussetzungen des jeweiligen Entschuldigungsgrundes erfüllen würde. Ist dies der Fall, so ist darzulegen, wie ein derartiger Irrtum zu behandeln ist.

Der Irrtum über Strafausschließungsgründe

Nach ganz überwiegender Ansicht ist der Irrtum über Strafausschließungs- oder Strafaufhebungsgründe unbeachtlich. Allerdings meint eine Ansicht, daß dies nicht für persönliche Strafausschließungs- oder Aufhebungsgründe gelten könne, es vielmehr in diesen Fällen analog § 16 Abs.2 zur Straflosigkeit kommen müsse.

Näher dazu: Schönke/Schröder/Cramer, § 17, 33.

Der Irrtum bei der actio libera in causa

Auch in Fällen der actio libera in causa kann es zu Irrtümern kommen.

Derartige Fälle sollen nach überwiegender Ansicht in der Literatur nach den allgemeinen Regeln des Irrtums über den Kausalverlauf zu lösen sein.

Der error in objecto bei der actio libera in causa

Dieser Irrtum wird nach überwiegender Ansicht behandelt nach den

Regeln über die aberratio ictus

Bsp.: Der Täter A will ein ganz bestimmtes Opfer B töten, nachdem er sich berauscht hat. Er verwechselt jedoch im Rausch das Opfer B mit einer anderen Person C, die er statt des Opfers tötet.

106

Da bei der actio libera in causa auf den Zeitpunkt des Betrinkens abzustellen ist, gilt es auch für die Irrtumsfrage die Vorverlegung des Anknüpfungszeitpunktes zu beachten. Da es somit maßgeblich auf die Individualisierung des Tatobjektes in dem Zeitpunkt ankommt, in dem der Täter seinen Tatentschluß faßt, muß man bei der alic auf den Entschluß in willensfreiem Zustand, also vor dem Betrinken, abstellen. Dort hatte A aber die Tötung eines ganz bestimmten Opfers, des B, in den Vorsatz aufgenommen. Sodann beginnt der strafrechtsrelevante Geschehensablauf. In dessen Fortgang geschieht dann mit der Tötung des C die Verwirklichung eines anderen Erfolges und damit zu einer Abweichung des vorgestellten vom gewollten Geschehensablaufs, die als erheblich anzusehen ist. Mithin entfällt der Vorsatz hinsichtlich des tatsächlich begangenen Deliktes, es kommt insoweit nur eine Fahrlässigkeitstat in Betracht. Hinsichtlich des ursprünglich angestrebten Erfolges kommt Versuch in Betracht.

Demgegenüber liegt beim "normalen" error in objecto die Abweichung (Verwechslung) bereits in dem Zeitpunkt vor, als der Täter seinen Tatentschluß faßt. Denn in diesem Augenblick hat er bereits die Personen falsch individualisiert, nämlich verwechselt. Bei der alic hingegen liegt die Abweichung nach der Individualisierung des Tatobjektes. Damit entsprechen die Fälle des error in objecto bei der alic aber den Fällen der "normalen" aberratio ictus und nicht denen des "normalen" error in objecto. Folglich stellt der error in objecto bei der alic eine aberratio ictus dar.

Str., vgl. näher dazu Sch-/Sch-Lenckner § 20, 37

Anders demgegenüber der BGH, der bei qualitativ gleichwertigen Taten von der Unbeachtlichkeit des Irrtums ausgeht, da insoweit nur eine unwesentliche Abweichung vom Kausalverlauf vorliege. Bei qualitativ anderen Straftaten kommt der BGH dann zum gleichen Ergebnis wie die überwiegende Ansicht in der Literatur.

Vgl. BGHSt 21, 381 ff, sowie zu dem gesamten Problemkreis Sch-Sch-Lenckner, § 20, 36; Rudolphi, SK, § 20, 31.

Soweit in diesem Buch Problemkreise angesprochen werden, wie z.B. im Bereich des Irrtums, kann und soll diese Darstellung keinesfalls erschöpfend sein. Sie vermag dem Leser, insbesondere dem Studienanfänger, allein einen Überblick über die wichtigsten Fragen zu geben. Deren dogmatische Begründung sowie die Vielzahl der nicht genannten Varianten der zu den einzelnen Problemen existierenden Ansichten wurde bewußt nicht in das Skriptum aufgenommen. Ebenso wurde an diesen Stellen darauf verzichtet, umfangreichere Literaturangaben niederzuschreiben. Die Nennung wesentlicher Stellen der Kommentatur ermöglicht es jedoch, einen Einstieg in die spezifische Literatur und Meinungsvielfalt zu dem jeweiligen Problem zu finden.

1. Was beschreibt der Tatbestandsirrtum nach § 16?

Der Täter kennt ein Merkmal des ausdrücklich normierten Tatbestandes nicht

2. Beschreiben Sie den Verbotsirrtum

Dem Täter fehlt das Bewußtsein, sein Verhalten stelle strafrechtliches Unrecht dar

3. Welche Fälle beschreibt der Irrtum über rechtfertigende Umstände?

Der Täter nimmt Umstände an, die, lägen sie tatsächlich vor, einen anerkannten Rechtfertigungsgrund ausfüllen würden

4. Wovon ist dieser Irrtum abzugrenzen?

Vom Irrtum über die Reichweite eines anerkannten Rechtfertigungsgrundes sowie von der irrtümlichen Annahme eines nicht anerkannten Rechtfertigungsgrundes

5. Was beschreibt der umgekehrte Irrtum?

Der Täter nimmt irrig das Vorliegen strafbegründender/straferhöhender Umstände an

6. Was ist beim Tatbestandsirrtum über normative Tatbestandsmerkmale erforderlich?

Der Täter darf auch in laienhafter Weise die erforderliche Bewertung der Sachverhaltsumstände nicht richtig vorgenommen haben

7. Wie gestaltet sich der Irrtum bei deskriptiven Tatbestandsmerkmalen?

Allein fehlende Sachverhaltskenntnis ist erforderlich, nicht jedoch eine rechtliche Bewertung

8. Was ist in Fällen des § 16 stets zu beachten?

Prüfen, ob ein Fahrlässigkeitsdelikt zu dem nach § 16 ausgeschlossenen Vorsatzdelikt existiert, oder ob ein anderes Delikt versucht oder verwirklicht ist

9. Was beschreibt der error in persona vel objecto?

Fälle, in denen der Täter über die Identität des Handlungsobjektes irrt

10. Wie ist bei diesem Irrtum zu unter scheiden?

Ob die verwechselten Angriffsobjekte gleichwertig oder ungleichwertig sind

11. Wann ist dieser Irrtum unbeachtlich?

Bei rechtlich gleichwertigen Objekten

12. Wie ist in den anderen Fällen zu strafen?

Wegen Versuchs und Fahrlässigkeit, sofern ein entsprechendes Versuchs-/Fahrlässigkeitsdelikt existiert

13. Was beschreibt die aberratio ictus?

Der Täter trifft nicht das von ihm ins Auge gefaßte, sondern ein anderes Objekt

14. Rechtsfolge der aberratio ictus?

Versuch hinsichtlich des angezielten, Fahrlässigkeit hinsichtlich des getroffenen Objektes (streitig)

15. Wann ist ein Verbotsirrtum vermeidbar?

Wenn der Täter nach seinen individuellen Fähigkeiten unter Einsatz seiner Erkenntnisquellen hätte zu der Einsicht gelangen können, er verwirkliche Unrecht

16. Wie löst die Vorsatztheorie Fälle des Erlaubnistatbestandsirrtums?

Der Täter handelt ohne Vorsatz

17. Wie ist die Vorsatztheorie zu beurteilen?

Seit Einführung des § 17 ins StGB nicht mehr haltbar, da, anders als die Vorsatztheorie meint, fehlendes Bewußtsein der Rechtswidrigkeit gerade nicht den Vorsatz berühren soll

18. Wie löst die strenge Schuldtheorie Fälle des Erlaubnistatbestandsirrtums?

Sie nimmt einen Verbotsirrtum nach § 17 an

19. Wie löst die eingeschränkte Schuldtheorie diese Fälle?

Jedenfalls keine Bestrafung aus dem Vorsatzdelikt, umstritten aber, ob und wie § 16 anzuwenden ist

20. Welche Ansichten werden von der eingeschränkten Schuldtheorie dazu im einzelnen vertreten?

Lehre von den negativen Tatbestandsmerkmalen: unmittelbare Anwendung des § 16; andere Ansicht: analoge Anwendung des § 16, (Vorsatz entfällt); rechtsfolgeneinschränkende Theorie: § 16 wird nur bzgl. der Rechtsfolge angewandt, die Vorsatzschuld bzw. Vorsatzstrafe entfällt

21. Nur wann gelangen eingeschränkte und strenge Schuldtheorie zu unterschiedlichen Ergebnissen?

Wenn die strenge Schuldtheorie zu einem vermeidbaren Verbotsirrtum gelangt, da dann nicht die Schuld entfällt, sondern lediglich die Milderungsmöglichkeit gem. § 49 eingreift

22. Skizzieren Sie, wie ein Fall des Irrtums über rechtfertigende Umstände in gedanklicher Hinsicht schrittweise aufzubauen ist

Siehe dazu den Überblick auf Seite 101f

23. Wo findet sich im Gesetz eine Regelung zum Irrtum über die Voraussetzungen eines Entschuldigungsgrundes?

In § 35 II

24. Worauf bezieht sich diese Vorschrift jedoch nur?

Auf Fälle des § 35 I

25. Wie wird dieser Irrtum bei anderen Entschuldigungsgründen behandelt?

Gesetzlich nicht geregelt, es finden die Grundsätze des § 35 II in entsprechender Weise Anwendung

26. Wie ist der Irrtum über Strafausschließungsgründe zu behandeln?

Nach überwiegender Ansicht ist er unbeachtlich

27. Wie stellt sich bei der actio libera in causa ein error in objecto im Rahmen der Rauschtat dar?

Streitig, teils wird aberratio ictus angenommen, teils, sofern gleichwertige Taten in Frage stehen, der Irrtum für unbeachtlich gehalten

Anhang

1. Teil:
Hinweise zur Anfertigung eines strafrechtlichen Gutachtens, insbesondere einer strafrechtlichen Hausarbeit

I. Die strafrechtliche Hausarbeit

1. Bestandteile der Arbeit

Deckblatt; Sachverhalt; Gliederung; Literaturverzeichnis; Ausarbeitung (Gutachten).

Auf dem **Deckblatt** sind Vor- und Zuname des Verfassers, seine Anschrift sowie die Zahl der Fachsemester zu vermerken. Die Lehrveranstaltung nebst Namen des Dozenten ist anzugeben und schließlich soll ersichtlich sein, die wievielte der ausgegebenen Arbeiten im Semester die vorliegende ist.

Der Text der Arbeit ist mit arabischen Seitenzahlen, Deckblatt, Aufgabenstellung, Gliederung und Literaturverzeichnis sind mit römischen Seitenzahlen zu versehen.

Es wird dringend empfohlen, die Arbeit in Maschinenschrift anzufertigen, Zeilenabstand 1 1/2, Fußnoten einzeilig.

Der Rand hat auf der linken Seite des Textes eine Breite von etwa einem Drittel bis zur Hälfte des Blattes aufzuweisen.

Am Ende ist jede Arbeit mit der eigenhändigen Unterschrift zu versehen.

2. Gliederung

Die Gliederung soll Aufbau und Gedankengang der Arbeit im Überblick erkennen lassen. Dazu soll keine Kurzfassung der Arbeit geschrieben werden, andererseits ist aber auch eine bloße Wiederholung von Gesetzestext nicht ausreichend. Hinter den jeweiligen Gliederungspunkten ist die Anfangsseite des betreffenden Abschnittes anzugeben. Die Gliederungspunkte müssen sich im Text wiederfinden und - zumindest die größeren - Gliederungspunkte auch in Form von Überschriften im Text verwendet werden. Bei der Gliederung ist es zweckmäßig, die traditionelle Gliederungsweise A., I., 1., a), aa) zu verwenden. Andere Gliederungssysteme werden nicht von allen Professoren akzeptiert.

Achtung: Stets darauf achten, daß jedem 1. ein 2. oder jedem a) ein b) folgen muß!

3. Literaturverzeichnis

Das Literaturverzeichnis muß die gesamte Literatur, die der Verfasser in seiner Arbeit verwendet und in den Fußnoten zitiert hat, enthalten. Ausnahme: die eingearbeitete Rechtsprechung. Nicht in das Literaturverzeichnis aufgenommen werden jene Werke, die der Verfasser zwar gelesen, jedoch nicht zitiert hat. Um die Übersichtlichkeit zu erhöhen, empfiehlt es sich, die Literatur nach Kommentaren, Lehrbüchern und Einzeldarstellungen, die ihrerseits Monographien, Dissertationen, Aufsätze, Urteilsanmerkungen etc. enthalten, zu unterteilen. Die Werke sind sodann nach Verfassern in alphabetischer Reihenfolge aufzuführen. Sofern ein Verfasser mit mehreren Werken vertreten ist, so soll die Angabe in chronologischer Reihenfolge geschehen.

Das einzelne Werk wird mit Namen und Vornamen des Verfassers, Titel, Auflage, Erscheinungsort und Erscheinungsjahr in das Literaturverzeichnis aufgenommen. Bei Kommentaren, die von verschiedenen Bearbeitern verfaßt wurden, sind diese nicht im Literaturverzeichnis, sondern nur in den Fußnoten anzugeben. Bei Dissertationen ist zusätzlich die Universität zu nennen, an der die Arbeit angefertigt wurde. Bei Aufsätzen etc. ist die Seitenzahl der jeweiligen Zeitschrift usw. anzugeben, auf der der Beitrag beginnt. Teilweise empfiehlt es sich, um in den Fußnoten Platz zu sparen, dort in verkürzter Form zu zitieren. Diese verkürzte Zitierweise muß dann auch im Literaturverzeichnis in entsprechender Weise vermerkt werden.

4. Zitate

Alles, was nicht Gedankengut des Verfassers selbst ist, ist in der Arbeit als fremd durch ein Zitat kenntlich zu machen. Dabei sind die Fußnoten auf jeder Seite unten aufzuführen, nicht am Ende der Arbeit zusammengefaßt. Die Fußnoten müssen so genau abgefaßt sein, daß ein problemloses Auffinden des jeweilig zitierten Gedankens für den Leser der Arbeit ohne weiteres möglich ist. In der Fußnote brauchen daher auch nur die Angaben enthalten zu sein, die dazu erforderlich sind, also Verfasser, Werk und Fundstelle. Dabei ist eine verkürzte Schreibweise und Darstellungsweise nicht nur zulässig, sondern empfehlenswert. Siehe dazu z.B. S.24 f dieses Skriptums. Bei Lehrbüchern ist es ratsam, nicht nach Seitenzahlen, sondern möglichst nach Gliederungspunkten zu zitieren. In jedem Fall muß innerhalb eines Werkes einheitlich entweder nach Gliederungspunkten oder nach Seitenzahlen zitiert werden. Bei Aufsätzen, Festschriftbeiträgen, Urteilsanmerkungen usw. ist neben der Zitatstelle (Seite) auch die Anfangsseite des gesamten Beitrages zu nennen.

Aufsatztitel etc. sind dabei nicht in der Fußnote mitzunennen, diese ergeben sich aus dem vollständigen Literaturverzeichnis am Beginn der Arbeit. Auch Gerichtsentscheidungen sind stets mit der Zitatstelle und der Anfangsseite aufzuführen, sofern es sich um amtliche Sammlungen handelt, ist auch der Band der jeweiligen Entscheidungssammlung zu nennen. Beispiel: BGHSt, 21, 381 (383). Bei Zeitschriften ist in Kurzform die Zeitschrift nebst Jahrgang zu nennen, Beispiel: BGH NJW 1977, 590. Datum und Aktenzeichen der Entscheidung gehören nur dann in eine Fußnote, wenn es sich um eine unveröffentlichte Entscheidung handelt, die daher nicht in amtlichen Sammlungen oder Zeitschriften aufgesucht werden kann.

Regelmäßig sind fremde Gedanken in indirekter Rede zu zitieren, wörtliche Zitate sind allenfalls dann zulässig, wenn es um die wörtliche Aussage des jeweiligen Verfassers geht.

Achtung: Bedenken Sie stets beim Zitieren, daß die Verfasser jener Gedanken niemals Ihren Fall vor Augen gehabt haben. Unterlassen Sie daher fallbezogene Zitate. Sie können nur abstrakte Rechtsfragen mit einem Zitat belegen, niemals sachverhaltsbezogene Darstellungen.

Vermeiden Sie es, die Fußnoten unnötig auszudehnen, indem Sie sämtliche Vertreter einzeln aufführen, sondern fassen Sie sie zusammen, indem Sie ein Werk herausgreifen, das möglichst viele weitere Vertreter seinerseits zitiert, z.B. einen Großkommentar, der nach der jeweiligen Zitatstelle mit dem Zusatz "mit weiteren Nachweisen" (abgekürzt: m.w.N.) versehen wird.

Für Abkürzungen sind die in KIRCHNER, Abkürzungsverzeichnis der Rechtssprache, aufgeführten Abkürzungen zu verwenden, sofern Sie weitere, dort nicht enthaltene Abkürzungen benutzen, ist die Erstellung eines Abkürzungsverzeichnisses unerläßlich.

 Für das Anfertigen einer Hausarbeit wird als Lektüre
unbedingt empfohlen:

JURISTISCHE GRUNDKURSE
Band 10,
Die erste Strafrechtshausarbeit

II. Die Klausur

Eine Klausur besteht aus Deckblatt, Sachverhalt und Text der Arbeit. Die vorstehenden Hinweise gelten insoweit entsprechend, jedoch werden naturgemäß bei Klausuren keine fremden Gedanken verwendet!, so daß der Fußnotenapparat etc. entfallen kann. Bei der handschriftlichen Abfassung einer Klausur ist auf Lesbarkeit der Schrift zu achten! Es empfiehlt sich darüber hinaus, die Seiten nur einseitig zu beschreiben, da ein Auswechseln der Seite so erleichtert wird, falls man beim Schreiben feststellt, daß die eine oder die andere Darstellung in der Klausur durch eine neue zu ersetzen ist. Eine Gliederung ist in einer Klausur nicht zwingend erforderlich, jedoch zweckmäßig.

Für alle schriftlichen Arbeiten gilt, daß besondere Sorgfalt auf richtige Rechtschreibung, Grammatik und ordentliche Wortwahl zu legen ist.

III. Beispiele für Formalien einer Hausarbeit

Beispiel für die Gliederung einer Hausarbeit (Auszug)

.

.

114

Kommentare

Schönke/Schröder   Strafgesetzbuch, 24.Aufl., München 1991
                          (zitiert: Schönke/Schröder/Bearbeiter)

.
.

Lehrbücher

Welzel, Hans   Das Deutsche Strafrecht,
                          11. Aufl., Berlin 1969

.
.

Einzeldarstellungen

1. Aufsätze:

Lenckner, Theodor   Notwehr bei provoziertem und verschuldetem Angriff, GA
                          1969, 299 ff

.
.

2. Festschriften:

Schmidhäuser, Eberhard   Über die Wertstruktur der Notwehr, Festschrift für Reinhard
                          M. Honig, 1970, S. 185 ff

.
.

3. Monographien

Wagner, Heinz   Individualistische oder überindividualistische Notwehrbegrün-
                          dung, Berlin 1984

Beispiel für Fußnoten

......(Text).....
....
....
....

_____

1. Schönke/Schröder/Cramer, §§ 20, 36
2. BGHSt 21, 381 (383)
3. Cramer, JZ 1968, 273

Das vorsätzliche vollendete (Erfolgs)Delikt

I. Tatbestand

1. Objektiver Tatbestand
   a) Handeln, ggf. Abgrenzung zum Unterlassen
   b) Erfolg
   c) Kausalität und Zurechnung

   2. Subjektiver Tatbestand
   a) Vorsatz
   b) Subjektive Unrechtselemente

II. Rechtswidrigkeit

   1. Rechtfertigungsgründe

   a) Objektive Rechtfertigung

      aa) Notwehr gem. § 32
         (1) Angriff
            (a) Von einem Menschen drohende Rechtsgutverletzung
            (b) Gegenwärtigkeit des Angriffs
            (c) Rechtswidrigkeit des Angriffs
         (2) Verteidigung
            (a) Verletzung eines Rechtsgutes des Angreifers
            (b) Erforderlichkeit der Verteidigung
                  (aa)   Eignung der Verteidigung
                  (bb)   Das relativ mildeste Mittel
         (3) Einschränkung der Notwehr
            (a) Kinder, Geisteskranke, Betrunkene, Irrende
            (b) Krasses Mißverhältnis
            (c) Nahestehende Angreifer
            (d) Notwehrprovokation
            (e) Ausschluß durch Menschenrechtskonvention
         (4) Verteidigungswille

      bb) Defensiver Notstand gem. § 228 BGB
         (1) Gefahr für ein Rechtsgut
            (a) Gefahr geht von einer Sache aus
            (b) Wahrscheinlichkeit einer
                Rechtsgutverletzung
            (c) Gegenwärtigkeit der Gefahr

(2) Rettungshandlung
   (a) Eingriff in Sache von der
      die Gefahr ausgeht
   (b) Erforderlichkeit des Eingriffs
      (aa) Eignung des Eingriffs
      (bb) Relativ mildestes Mittel
   (c) Verhältnismäßigkeit
(3) Rettungswille

cc) Aggressiver Notstand gem. § 904 BGB
   (1) Gefahr für ein Rechtsgut
      (a) Wahrscheinlichkeit einer
         Rechtsgutverletzung
      (b) Gegenwärtigkeit der Gefahr
   (2) Rettungshandlung
      (a) Eingriff in unbeteiligte Sache
      (b) Erforderlichkeit des Eingriffs
         (aa) Eignung des Eingriffs
         (bb) Relativ mildestes Mittel
      (c) Verhältnismäßigkeit
   (3) Rettungswille

dd) Einwilligung
   (1) Dispositionsbefugnis
      (a) Rechtsgut disponibel
      (b) Einwilligender ist Inhaber
         des Rechtsguts oder
      (c) Einwilligender ist vom Inhaber
         zur Disposition ermächtigt worden
   (2) Erklärung der Einwilligung
      (a) Ausdrückliche oder konkludente
         Äußerung
      (b) Zugang nicht erforderlich
   (3) Subjektive Voraussetzungen in der
      Person des Einwilligenden
      (a) Einsichts- und Urteilsfähigkeit
      (b) Ausschluß der Einwilligung durch
         Willensmängel
   (4) Sittenwidrigkeit der Tat
      (nur bei §§ 223 ff oder allgemein?)
   (5) Kenntnis der Einwilligung durch
      den Täter erforderlich?

ee) Notstand gem. § 34
   (1) Gefahr für ein Rechtsgut
      (a) Wahrscheinlichkeit der Rechtsgutverletzung
      (b) Gegenwärtigkeit
   (2) Rettungshandlung
      (a) Eingriff in fremdes Rechtsgut

118

Stichwortverzeichnis

...und zum Entspannen gibt´s jetzt das Cartoon-Buch

ab sofort bei Ihrem Buchhändler

Zu guter letzt:

Wir suchen

Autoren

für weitere Bände der Skriptenreihe!

Interesse?

Melden Sie sich doch unter

Tel. 04349-1725 oder FAX 04349-571